FERDINANDO BACCILIERI

Leben und Werk eines Pfarrers und Gründers

Die Kongregation der Servitinnen (Dienerinnen Mariens) von Galeazza

Ferdinando M. Baccilieri gründete die Kongregation in der 2. Hälfte des 19. Jahrhunderts in **Italien,** wo die Schwestern bis heute in verschiedenen Diözesen leben und arbeiten.

1958 kamen drei italienische Schwestern nach **Deutschland;** heute bestehen hier fünf Gemeinschaften mit verschiedenen Ausrichtungen (Gemeinschaften in der Pfarrgemeinde, Geistliche Zentren, Gebetsgemeinschaft, verschiedene einzelne pastorale und soziale Dienste).

Unsere Adressen in Deutschland:

Deutsches Zentralhaus: Gödinghover Weg 11
40627 Düsseldorf-Gerresheim
Tel.: 0211 / 278030

die anderen Gemeinschaften:

Wattenscheider Str. 11
40472 Düsseldorf-Rath
Tel.: 0211 / 653428

Giemesstr. 4 a
41564 Kaarst
Tel.: 02131 / 666141

Kirchstr. 15
52385 Nideggen-Berg
Tel.: 02427 / 8803

Bierstadter Str. 4
65189 Wiesbaden
Tel.: 0611 / 305068

Seit **1972** leben und arbeiten italienische und brasilianische Mitschwestern in **Brasilien,** heute in den Diözesen Acre und Salvador Bahia.

1982 erfolgte von Deutschland aus die Gründung in **Südkorea,** wo heute deutsche, italienische und koreanische Mitschwestern in der Diözese Cheongju leben und arbeiten; ein Studienhaus der Gemeinschaft besteht in Seoul.

MARIA GRAZIA LUCCHETTA

FERDINANDO BACCILIERI

Leben und Werk eines Pfarrers und Gründers

EOS VERLAG ERZABTEI ST. OTTILIEN

Die Deutsche Bibliothek — CIP-Einheitsaufnahme

Lucchetta, Maria Grazia:
Ferdinando Baccilieri: Leben und Werk
eines Pfarrers und Gründers / Maria
Grazia Lucchetta. [Übers. Dietlinde
Assmus]. — St. Ottilien: EOS-Verlag, 1993.

Einheitssacht.: Ferdinando Baccilieri
parroco "suo malgrado" <dt.>
ISBN 3 - 88096 - 899 - 3

Titel der italienischen Originalausgabe:
FERDINANDO BACCILIERI
parroco »suo malgrado«

Übersetzung: Dietlinde Assmus

Mit kirchlicher Druckerlaubnis

Gesamtherstellung: EOS Druckerei, D-8917 St. Ottilien

VORWORT

Am 13. Juli 1993 jährt sich zum hundertsten Male der Todestag des Priesters Don Ferdinando Maria Baccilieri, des Gründers unserer Kongregation der »Dienerinnen Mariens von Galeazza«. Die Hundertjahrfeier erlebe ich mit Freude und Dankbarkeit.

Freude und Dankbarkeit empfinde ich auch darüber, in deutscher Sprache ein Buch über sein Leben und sein Charisma in der Hand zu haben.

Seit der Gründung unserer Kongregation in Deutschland (1958), also Jahrzehnte hindurch, habe ich mich bemüht, die Gestalt und das Charisma Ferdinando Baccilieris im Kreis der Mitschwestern lebendig zu halten.

Unseren Dienst, als kleine Gruppe in den verschiedenen deutschen Ortskirchen, haben wir an seinem Charisma orientiert, das am Ursprung unserer Gemeinschaft stand. So waren und sind wir bemüht, es in unserer Zeit neu und lebendig zu verwirklichen.

Jetzt liegt uns dieses kleine Buch über sein Leben vor. Es ist die Zusammenfassung einer langen und intensiven Forschung, die unsere Mitschwester Maria Grazia Lucchetta nach allen wissenschaftlichen Kriterien erstellte. Sie hat — unter der sachkundigen Leitung von Msgr. Giovanni Papa, dem Generalsachbearbeiter für die Heiligsprechungsprozesse in Rom — in sechsjähriger Arbeit das »Summarium Documentorum« zusammengestellt.

Das »Summarium« dokumentiert das ganze Leben Ferdinando Baccilieris, seine Persönlichkeit, sein Wirken als Pfarrer von Galeazza und als Gründer unserer Kongregation. Diese Arbeit wurde notwendig, da der Seligsprechungsprozeß die historisch-kritische Darstellung der Geschichte voraussetzte, sowohl seiner Lebensgeschichte als auch der auf seinen Tod folgenden Wirkungsgeschichte seiner Person. Dieser Prozeß ist nicht nur begonnen, sondern hat auch schon — nicht zuletzt dank dieser sorgfältigen historischen Untersuchungen — wichtige Etappen auf das angestrebte Ziel hin, die Seligsprechung und in der Folge die Heiligsprechung, erreicht.

Die Erinnerung an Ferdinando M. Baccilieri ist nicht nur in unserer Gemeinschaft lebendig geblieben; nach seinem Tod blieb er bedeutsam für die Menschen, die ihm begegnet waren, und darüber hinaus bis heute für die Menschen in der Umgebung von Galeazza und in seinem weiteren Wirkungskreis.

Heute, durch das Erscheinen dieses kleinen Buches in deutscher Sprache, hoffe und wünsche ich, daß die Persönlichkeit Don Ferdinando Maria Baccilieris und sein Charisma auch in Deutschland einem größeren Kreis bekannt wird und daß viele, die es mit dem Christsein ernst meinen, durch ihn ermutigt werden und in ihm einen Wegweiser finden.

Wer ist Don Ferdinando Maria Baccilieri?

Ein Landpfarrer in einer kleinen verrufenen Pfarrgemeinde der Diözese Bologna (Italien), in der antiklerikalen Zeit der italienischen Befreiungs- und Einigungsbewegungen (1852–1893). Dieses Dorf Galeazza lag damals an der Grenze zwischen zwei Staaten, dem Herzogtum Modena und dem Kirchenstaat, ein geeigneter Platz, wo Banditen beider Seiten leicht ein Versteck finden konnten.

In diesem Dorf übte Don Ferdinando 41 Jahre seine pastorale Tätigkeit aus. Seine kluge Art und die vielfältigen Formen der Verkündigung des Wortes Gottes, seine inständige Katechese für Kinder, Jugendliche und Erwachsene, die er mit weitsichtigen Initiativen verband, und die Heiligkeit und Radikalität seines priesterlichen Lebens fanden eine positive Resonanz nicht nur in seiner Gemeinde, sondern weit über ihre Grenzen hinaus.

Seine Güte und Menschenfreundlichkeit, seine Aufmerksamkeit für die Armen und Schwachen, machte ihn zur Stimme derer, die keine Stimme hatten; er war solidarisch mit den Armen und Letzten, indem er an ihren Problemen Anteil nahm und ihre menschlichen und sozialen Rechte verteidigte.

Durch seine pädagogischen Begabungen verhalf er den Menschen seiner Umgebung zu einem gesunden Selbstbewußtsein; besonders bemühte er sich, die Lage der Frauen durch Bildung und Befähigung für ihre Aufgaben in der Familie und in der Gesellschaft zu verbessern und würdiger zu gestalten.

Von großer Bedeutung — auch für unsere heutige Suche nach verantwortlichem Mittragen aller in der Kirche — ist eine Fähigkeit, Laien für die Kirche zu interessieren und sie in verschiedenen Vereinigungen zusammenzuführen, die er in der Pfarrgemeinde ins Leben rief. Er gründete und begleitete Gruppierungen verschiedener spiritueller Richtungen und gab so jedem und jeder die Möglichkeit, die eigenen Gaben einzubringen und in einer ihm / ihr entsprechenden Gemeinschaft Hilfe zu finden, den Glauben im Alltag zu leben. Seine echte Hinwendung zu Maria, von ihm besonders verehrt als die Frau unter dem Kreuz, der er sich und die Gemeinde weihte, war für ihn die Kraft, Schutz und Orientierung seines Lebens und Wirkens.

Die Menschen seiner Zeit erlebten ihn als einen heiligmäßigen Priester; »... im Wesentlichen ist er dem Pfarrer von Ars zu vergleichen«, so definierte ihn der damalige Kardinal von Bologna, Lucido M. Parocchi.

Mein Wunsch und meine Hoffnung für alle, die dieses Buch lesen, ist, daß die Botschaft, die unser Gründer in seinem Leben vielen Menschen vermittelt hat, auch heute, in unserer säkularisierten Gesellschaft, die von vielen Äußerlichkeiten geprägt ist, Licht und Wegweiser ist zu den unvergänglichen Werten des Lebens.

Sr. Maria Crocifissa Remondi OSM
Nideggen-Berg
17. Februar 1993
Fest der Sieben Gründer des Servitenordens

ABKÜRZUNGEN

ACAB	Archiv der Erzbischöflichen Kurie von Bologna
ACGB	Generalarchiv der Dienerinnen Mariens von Galezza, Bologna
ACSR	Generalarchiv der Kongregation des Heiligsten Erlösers (Redemptoristen), Rom
AGOSM	Generalarchiv des Ordens der Diener Mariens, historische Sektion, Rom
APSB	Archivio parrocchiale della Collegiata di S. Biagio,Cento
Pos. intr.	*Positio super causae introductione* des Diener Gottes, *Sacra Congregatio pro Causis Sanctorum,* Rom 1973
Sum.doc.	*Beatificationis et canonizationis Servi Dei Ferdinandi Mariae Baccilieri, sacerdotis parochi fundatoris congregationis Sororum Servarum Mariae "di Galeazza" († 1893):Summarium documentorum ex officio concinnatum, Congregatio pro Causis Sanctorum, Officium historicum,* 160, Romae MCMLXXXVIII.

I. KINDHEIT UND JUGEND

Ferdinando M. Baccilieri wurde als dritter Sohn von Domenico Baccilieri und Leonilde Dalla Bona am 14. Mai 1821 in Campodoso geboren. Dies gehörte zur Pfarrei von Reno Finalese, einem Ortsteil von Finale Emilia, an der Nordostgrenze des Dukats von Modena.

Er wurde Priester und im Jahre 1852 Pfarrer von Galeazza Pepoli, in der Diözese und Provinz Bologna gelegen. In dieser Gemeinde übte er seinen priesterlichen Dienst bis zum 13. Juli 1893 aus, an dem der Herr sein intensives und arbeitsreiches Leben beendete[1].

Die Umgebung

Reno Finalese, Don Ferdinando M. Baccilieris Heimat, gehörte Anfang des 19. Jahrhunderts zum Herrschaftsbereich des Herzogs von Modena, Franz IV. d'Este.

Im Bezirk von Finale an der äußersten Grenze des Herzogtums gelegen, wies der Ort die unverwechselbaren Kennzeichen der "bassa", des Flachlands um Modena, auf: weitläufiger Großgrundbesitz, meist Halbpächtern und Bauern anvertraut, vor allem in den Spitzenzeiten der Landarbeit; Viehzucht und typischer An-

[1] Sein geistliches Erbe lebt in der von ihm gegründeten Ordensfamilie, der Kongregation der Dienerinnen Mariens von Galeazza, die augenblicklich Niederlassungen in Italien, Deutschland, Brasilien und Korea besitzt.

bau (Hanf, Getreide, Mais, Gemüse) sind die einzigen Einnahmequellen der Gegend; erste Anfänge der Textilindustrie (Seide und vor allem Hanf), die im Gebiet zwischen Panaro und Reno qualitätvolles und wettbewerbfähiges Handwerk aufweisen konnte.

Das Leben der Bevölkerung war an das soziale Umfeld gebunden und wurde vom Rhythmus des Kirchenjahrs in der Pfarrgemeinde bestimmt. Ihre zahlreichen Vereinigungen und Bruderschaften waren ja damals die einzigen Vereinsformen, und so bildete die Pfarrei den tragenden Kern sowohl der Volksfrömmigkeit als auch der caritativen und pflegerischen Bemühungen im engeren Sinne[2].

Die Pfarrei von Reno Finalese bestand seit 1506 und war Mariae Heimsuchung, dem Besuch Marias bei Elisabeth, geweiht.

Sie bestand aus zwei getrennten Territorien, die sich auch im Dialekt der Bewohner voneinander unterschieden: das eine gehörte zu Modena, das andere zu Ferrara, dieses wurde unter dem Namen von Reno Centese im Jahr 1842 an die Diözese von Bologna angeschlossen. Die Bevölkerung dieser Gegend war traditionell katholisch; üblicherweise wurden die Neugeborenen noch am selben Tag oder am Tag nach der Geburt zur Taufe getragen. Die übrigen Sakramente der Einführung in das christliche Leben wurden vor dem Beginn des Jugendalters gefeiert. Den Höhepunkt stellte die Erstkommunion etwa mit zwölf Jahren dar, dem Alter, das in der Katechese als "zum Gebrauch der Vernunft fähig" angenommen wurde.

Der verbreiteten Sakramentenspendung entsprach jedoch nicht immer eine beispielhafte Praxis. In den Grenzgebieten zeigte sich eine gewisse religiöse und soziale Unbeständigkeit, die mit der prekären Lage der Landarbeiter zu tun hatte.

Reno Finalese ist wenige Kilometer von Galeazza entfernt; wenige Kilometer entfernt liegt auch Buonacompra. Dieses kleine Dreieck, ein Fleckchen von Land, wurde Schauplatz des gesamten

---

[2] Eine Beschreibung der Lebensumstände in dieser Gegend zu Beginn des 19. Jahrhunderts findet sich bei G. Orlandi, Le campagne modenensi fra rivoluzione e restaurazione (1790–1815), Modena 1976.

Erdenlebens von Don Ferdinando, seiner Familie und seiner Nachfahren.

Wer die Geschichte, die wir erzählen wollen, in den kleinsten Details verfolgen möchte, dem entgeht gewiß nicht die tiefe Diskrepanz zwischen diesem so begrenzten geographischen Raum und der Weite der menschlichen Beziehungen, der räumlichen Nähe und der Verschiedenheit der Menschen, die hier ins Spiel kommen.

Es geht also um eine Erzählung mit weitem Atem, die eingehend das Leben dieses Seelenhirten betrachten möchte, die aber auch erlaubt, im weiteren Umkreis von Kirche und Gesellschaft des 19. Jahrhunderts umherzuschweifen, in einer Gegend, in der drei traditionsreiche Räume aufeinanderstoßen: Modena, Ferrara und Bologna, die Hauptstadt der päpstlichen Gesandtschaften.

Die Familie

Die Baccilieris kamen aus der Ebene von Padua. Vater, Großvater und Urgroßvater von Don Ferdinando waren in Buonacompra geboren, einem Dorf an der Grenze zu Reno Finalese, in einer jener Pfarreien der Diözese Bologna, die auf Ferrarer Gebiet lagen und für die zivilen Angelegenheiten von der Gemeinde von Cento abhingen.

Die Vorfahren müssen einen gewissen Grad von Wohlstand und Ansehen genossen haben, wenn sie unter den Besitzenden aufgeführt wurden und wenn dem Urgroßvater Michele[3] der Titel "Magnifico", der Prächtige, beigelegt wurde.

Der Betrachtung wert ist der Großvater väterlicherseits, Antonio, geboren am 19. November 1751 in Buonacompra und ge-

---

[3] Dieser Titel war Wohlhabenden vorbehalten, wie aus den Meldeverzeichnissen der damaligen Pfarreien zu ersehen ist: Vgl. Casa del Magnifico Michele Bazzalieri, Archivio parrochiale di Buonacompra, Stato delle anime dal 1700 al 1790.

storben im hohen Alter von 85 Jahren in Reno Centese[4]. Sein Tod ist beispielhaft für das Ende einer typischen Gestalt der großen patriarchalischen Familien.Sein langes Leben fügt sich in jene Zeit des Übergangs ein, die den Untergang der alten Monarchien, die Französische Revolution, das Napoleonische Kaiserreich, die Restauration und die Entstehung der nationalen Bewegungen erlebt. Wir sind nicht in der Lage abzuschätzen, inwieweit Antonio Baccilieri an diesen Ereignissen teilgenommen hat. Man kann annehmen, daß sich sein Leben vor allem in der bäuerlichen Welt abspielte, in der die wichtigen Neuigkeiten Geburten und Todesfälle, Saat und Ernte und die Feste des Kirchenjahrs sind.

Verheiratet mit Teresa Melloni, blieb er schon in jungen Jahren Witwer mit zwei Kindern und vermählte sich aufs neue mit Luigia Righini, der Schwester des damaligen Kaplans von Buonacompra. Diese zweite Verbindung war mit zwölf Kindern gesegnet, von denen sechs wenige Tage nach der Geburt starben; von den anderen sechs waren zwei Knaben, Gaetano und Domenico, und vier Mädchen, Marianna, Teresa, Giulia, Maria.

Großvater Antonio verließ Buonacompra im Jahre 1799 und zog mit seiner Familie nach Reno Finalese um, wo er auf dem Landgut von Campodoso Besitz erwarb. Das war ein ehemaliges Karmeliterkloster, bestehend aus einer kleinen Villa mit anschließendem Oratorium, das der Muttergottes vom Karmel[5] geweiht war. Nach der Geburt der vier Mädchen wurde der Besitz von Campodoso unter Gaetano und Domenico aufgeteilt. Ersterer widmete sich schließlich ganz dem Hanfhandel, während Domenico seine gesamte Zeit in der Landwirtschaft und der Verwaltung des Familiengehöfts einsetzte.

Wahrscheinlich kam durch Gaetanos Handelsbeziehungen Familie Baccilieri mit Leonilde Dalla Bona in Verbindung.

---

[4] Vgl. Pfarrarchiv von Reno Centese, Totenbuch I, S. 125, Nr. 534.

[5] Villa und Oratorium bestehen noch und befinden sich im Besitz der Familie Lodi von Reno Finalese.

Die Geschichte der Dalla Bona, wie sie sich aus den geringen zur Verfügung stehenden Quellen rekonstruieren läßt, ist in der Tat recht einzigartig.

Die Familie kam aus Friaul. Domenico Dalla Bona, Ferdinandos Großvater mütterlicherseits, stammte aus Navarons in der Diözese von Concordia, heute in der Provinz von Pordenone. 1767 zieht er fünfzehnjährig nach Venedig; hier ist sein Aufenthalt bis 1780 als Diener in zwei "Gewürzläden" bezeugt. Dann ereignete sich eine Wende in seinem Leben: als Kommandant eines "brigantino", eines kleinen zweimastigen Segelschiffs, fuhr er zur See, blieb neun Monate im Jahr auf den Meeren und kehrte nur für drei Monate im Jahr in seine venezianische Heimat zurück.

Bei seinen Fahrten lernte er eine junge Griechin kennen, Antonia M. Margherita Mazzolini aus Smyrna, mit der er am 27. März 1790 in Livorno die Ehe schloß. Aus dieser Verbindung ging 1793 Leonilde, Don Ferdinandos Mutter, hervor. Großvater Domenico starb 1795 in Limassol auf der Insel Cypern und hinterließ Margherita, die Großmutter, mit der kaum zweijährigen Leonilde. Ihrer Jugend entsprechend vermählte sich Margherita wieder, nun mit Antonio Campana, einem venezianischen Kaufmann.

Die Übersiedlung der Familie Campana-Mazzolini von Venedig nach Bologna erfolgte in napoleonischer Zeit; ab 1814 werden sie nämlich in den Registern der Stadtpfarrei von Sankt Gregor und Cyrus geführt; dort fand am 13. November 1817 die Eheschließung von Domenico Baccilieri und Leonilde Dalla Bona statt.

Über Kindheit und Jugend von Domenico und Leonilde wissen wir nicht viel; angesichts des relativen Wohlstands der beiden Familien läßt sich wohl annehmen, daß es beiden an einer standesgemäßen kulturellen und religiösen Bildung nicht fehlte. Jedenfalls war Domenico für einige Zeit Schüler des Erzbischöflichen Seminars in Modena, wo er Mons. Luigi Reggianini, den späteren Bischof der Este-Stadt, als geistlichen Führer hatte.

Nach der Eheschließung richtete sich das Paar auf dem Landsitz von Campodoso ein und blieb dort ständig bis 1823; von dort siedelte die Familie nach Bologna um, dann nach Ferrara und schließlich wieder nach Campodoso. Das Landhaus blieb gleichermaßen immer Bezugspunkt für Familienfeste und für Ferienaufenthalte.

Aus der Ehe von Domenico und Leonilde gingen neun Kinder hervor, vier Söhne und fünf Töchter. Die ersten vier wurden in Reno Finalese geboren, die folgenden in Bologna. Ferdinando, das dritte Kind, wurde am 14. Mai 1821 in Reno Finalese geboren. Da drei Knaben in zartem Alter starben, blieb Ferdinando als einziger Junge neben fünf Schwestern übrig: Leopoldina, Claudia, Amalia, Enrica und Giulia. Drei von ihnen schlugen den Weg der Ehe ein (Claudia heiratet Guido Grillenzoni aus Finale Emilia; Amalia Angelo Busi aus Dodici Morelli; Giulia den Arzt Giuseppe Vincenzi, ebenfalls aus Finale Emilia); Leopoldina, die Älteste, hingegen weihte sich dem Herrn in der Klausur des Johannes-vom-Kreuz-Karmels in Ferrara; Enrichetta schließlich blieb unverheiratet und lebte an der Seite des Bruders im Pfarrhaus von Galeazza Pepoli[6].

Domenico, ein frommer und religiös vorbildlicher Mann, und Leonilde, eine geistreiche, erfinderische Frau, fest und zielbewußt, waren für ihre Kinder nicht nur leiblich und menschlich Vater und Mutter, sondern viel mehr noch auf geistlicher Ebene. Sie verstanden es, ihnen einen starken und widerstandfähigen christlichen Glauben einzupflanzen, der sie dazu führte, die eigene Rolle als Menschen und Christen verantwortlich auszufüllen.

Die Atmosphäre im alten Herrschaftshaus; die Großeltern mit ihrer einfachen und gastfreundlichen Menschlichkeit; Herzlichkeit, Respekt und Wertschätzung, die die Beziehung der Eltern charakterisierten; die Freude, mit der neues Leben aufgenommen wurde, und die Heiterkeit, mit der die Kleinen die häuslichen

---

[6] Für ein zusammenfassendes Bild der Eltern und Schwestern vgl. Sum.doc., S. 9–15.

Wände erfüllten - das alles prägte Ferdinando tief, der in dieser Umgebung Kindheit und Jugend verlebte.

Religiöse und kulturelle Bildung

Der Auffassung der Zeit gemäß entwickelte sich die religiöse und kulturelle Bildung des kleinen Ferdinando als einheitliches Projekt, das organisch den Menschen und den Christen formen sollte.

Die erste Phase der Reifung im Glauben und die kulturelle Grundbildung erhielt er in dem vorhin beschriebenen familiären Milieu; dies war ein geeignetes Erdreich, in dem sich die Gaben von Natur und Gnade entfalten konnten, die der dritte Sproß der Baccilieri mitbekommen hatte.

Die Sakramente der Einführung in die Kirche waren die grundlegenden Etappen seines geistlichen Weges: die Taufe, bei der ihm die Namen Ferdinando Ippolito Maria gegeben wurden, empfing er am 15. Mai 1821 in der Pfarrkirche von Reno Finalese; die Firmung erhielt er in Bologna am 11. März 1830 durch Kardinal Carlo Oppizzoni in der Pfarrkirche der frühchristlichen Märtyrer von Bologna, Vitale und Agricola; die Erstkommunion empfing er an der Schwelle zur Adoleszenz, entsprechend dem Brauch der Zeit, die die Fähigkeit zu Verstand und Unterscheidung bei zwölf Jahren ansetzte.

Mit dem Katechismusunterricht, der hauptsächlich in der Pfarrei erteilt wurde, verbindet sich der andere Aspekt der elementaren Unterweisung, die normalerweise in den sogenannten "gemeinschaftlichen" Schulen stattfand und die notwendigen Kenntnisse zum Lesen, Schreiben und Rechnen umfaßte. Darauf folgten nach der Schulordnung des damaligen Kirchenstaates die Mittelschulen oder Gymnasien und die höheren Schulen. Logischerweise waren die verschiedenen Schulen humanistisch ausgerichtet, während die Methode vor allem auf Gedächtnis und Nachahmung setzte. Das waren die beiden Grundaspekte der damaligen Pädagogik. Alles wurde auswendig gelernt: Grammatik-

und Rechenregeln, Katechismusantworten, Gebete, Definitionen, Prosatexte, Gedichte und dergleichen mehr[7].

Wenig wissen wir über die Grundschulerziehung des kleinen Ferdinando; sicher ist, daß Familie Baccilieri ab 1823 in Bologna wohnte, und das läßt vermuten, daß sich Vater Domenico mit besonderer Sorgfalt der Erziehung seines einzigen Sohnes widmete. Nicht nur das, da es sich um eine wohlhabende Familie handelte, ist auch anzunehmen, daß Ferdinando seine erste Bildung daheim durch Privatunterricht erteilt wurde, wie es in den wohlhabenden Familien üblich war.

Die folgenden Phasen seiner Schullaufbahn spiegeln das Nomadentum der Familie wider, das den jugendlichen Ferdinando zunächst das Gymnasium der Barnabiten-Patres in Bologna besuchen läßt und dann ab 1835 das Jesuitenkolleg in Ferrara: die angesehensten Schulen der Hauptstadt der päpstlichen Gesandtschaften und der Este-Stadt.

Während wir von seinem Besuch der Schulen von Santa Lucia dei Barnabiti in Bologna nichts wissen, gibt es aus dem Jesuitenkolleg in Ferrara zwei Vermerke des Studienpräfekts, Pater Andreas Sturloni, die den Eifer und den positiven Fortschritt im Studium des Heranwachsenden bescheinigen und auch seinen Einsatz im geistlichen und religiösen Leben bezeugen[8].

Ein bedeutungsvolles Ereignis in dieser Periode ist auch die Begegnung Ferdinandos mit dem Jesuiten, der fortan sein geistlicher Führer sein wird: Pater Tito Facchini, damals Beichtvater der zahlreichen Schülerschaft des Ferrarer Kollegs[9].

---

[7] Vgl. R. Fantini, L'istruzione popolare a Bologna fino al 1860, Bologna 1970.

[8] Dokumente im Zusammenhang mit Ferdinandos Gesuch um Einkleidung als Kleriker im Mai 1837 an den Kardinal von Ferrara, Gabriele della Genga.

[9] Pater Tito Facchini von Cortona (1812–1852) trat 1829 in die Gesellschaft Jesu ein. In Forlì von dem Barnabiter Bischof Stanislaus Tomba zum Priester geweiht, widmete er sein Leben vor allem der Predigt. Sein Grab ist in der Monumentalkirche des heiligen Ignatius in Rom.

Die Entscheidung für die Berufung

Wenn Leben bedeutet, in reifem Alter das zu verwirklichen, was man in der Jugend entworfen und erstrebt hat, dann sind dies die Jahre, in denen sich schon die Zukunft des jungen Baccilieri abzeichnet. Tatsächlich führen der Besuch dieser hervorragenden Stätten der Erziehung und der Kontakt mit der geregelten und beispielhaften Lebensführung der Ordensleute, die hier unterrichten, Ferdinando bald zu dem Wunsch, seine Existenz dem Dienst Gottes und der Menschen zu weihen. Diese Weihe versteht er zunächst als Priesterweihe, wie aus seiner Bitte 1837 an Kardinal Della Genga, den Erzbischof von Ferrara, die Soutane nehmen zu dürfen, zu entnehmen ist; dann, in einer noch radikaleren Form, in der Bitte um Aufnahme in die Gesellschaft Jesu, um der Evangelisierung der Menschen im fernen Orient zu dienen.

Zu diesem Zweck verläßt der siebzehnjährige Ferdinando im Oktober 1838 Ferrara und begibt sich mit dem Segen der Eltern nach Rom. Obwohl er der einzige Sohn ist, haben Vater Domenico und Mutter Leonilde doch nicht gewagt, dem, was sich als Gottes Wille für den jungen Mann abzeichnete, Hindernisse entgegenzusetzen.

Etwa Mitte Oktober erreicht er Rom, nachdem er diesen langen Weg, der den Auszug aus seiner Familie, seiner Sippe, seiner Heimat bezeichnet, in kleinen Tagesabschnitten mit den Postkutschen von damals hinter sich gebracht hat. Es ist der Anfang jenes Weges, der, immer durchkreuzt von einer stärkeren Hand, einem höheren Willen, ihn an den Ort bringt, den Gott ihm zeigen wird: nach dreizehn Jahren etwa wird er in dem kleinen Galeazza die Verwirklichung der drei biblischen Pole finden: ein Volk, ein Land und die Verheißung.

Wir wissen nicht, wer ihn begleitete; sicher ist jedenfalls, daß er am 15. Oktober 1838 in das römische Noviziat der Gesellschaft Jesu eintrat, das seinen Sitz auf dem Quirinalshügel in der Nähe des damaligen päpstlichen Palastes und unmittelbar bei der Rundkirche von Sankt Andreas hatte, wo der heilige Stanislaus Kostka, Patron aller Jesuiten-Novizen, verehrt wird. Der Name

Baccilieris erscheint im Verzeichnis von 1838 als vorletzter unter 43 Novizen, die in diesem Jahre in die Vorbereitung zum Ordensleben eintraten[10].

Dem Brauch entsprechend schreibt auch er mit eigener Hand ins Noviziatsregister sein curriculum studiorum, seinen Studiengang, sowie eine kurze Beschreibung seines Temperaments und Charakters[11]. Das ist fast eine Momentaufnahme, die uns erlaubt, nach den Beschreibungskriterien der klassischen Antike, die damals immer noch verwendet wurden, die hervorstechendsten Züge des Jugendlichen zu erkennen. Dort schreibt er:

> "Mein Gedächtnis ist leicht. Das Temperament eher feurig. Meine Erscheinung ist sanguinisch, ich bin mittelgroß."

Er definiert vor allem sein Gedächtnis als "leicht", diese Fähigkeit also, einen vorhergehenden Zustand ins Bewußtsein zurückzuholen, ihn wieder erscheinen zu lassen und in der eigenen früheren Erfahrung anzusiedeln. So unterstreicht er die Offenheit und Lebhaftigkeit seines Temperaments, wirklich Eigenschaften des "Sanguinikers", leitet daraus aber gleichzeitig eine gewisse Impulsivität ab, wie sie in dem "eher feurig" angedeutet wird, das eine Grenze abmildern möchte, die sicher schon Gegenstand seiner Selbstkontrolle war. Seine Gestalt definiert er als "mittelgroß", weder klein noch groß: vielleicht ein Maß, das ihm in seinem Alter wohl eher etwas negativ erschien.

Gewiß hatte Ferdinando nicht vor, mit dieser Eintragung ein Bild seiner selbst zu hinterlassen, das Bezugspunkt für die Identifikation seines Charakters und seiner Persönlichkeit auch im reifen Alter werden sollte. Das bleibt sie allerdings für uns heute.

---

10 Die Verzeichnisse der römischen Ordensprovinz der Gesellschaft erlauben eine ziemlich genaue Rekonstruktion der Umgebung dieser ersten Einführung ins Ordensleben.

11 Diese Erklärung ist enthalten im Register "Informationes novitiorum s.i." des Archivs der römischen Ordensprovinz S.I. E 12.

Mit diesem Beglaubigungsschreiben beginnt der junge Ferdinando also seine Vorbereitung auf das Ordensleben. Seine Gefährten sind, unter vielen anderen, Luigi di Canossa, der spätere Kardinal und Bischof von Verona; Carlo Bompiani, Philosophielehrer in San Gabriele dell'Addolorata; Luigi Pincelli, Verfasser asketischer Werke, und für kurze Zeit auch Antonio M. Claret, späterer Gründer und Heiliger. Novizenmeister ist Pater Vincenzo Maurizi, ein Mann mit großer menschlicher und religöser Erfahrung.

Im Eifer des Noviziats kommt in Baccilieris Geist wieder das Ideal des Missionars ans Licht, damals in Sant'Andrea besonders lebendig durch die Gegenwart von Pater Massimiliano Ryllo, der aus dem Orient zurückgekehrt war und mit Nachwuchs zurückreisen wollte. Wirklich baten viele der Novizen den Superior ausdrücklich darum und bereiteten sich auf die Abreise vor. Unter ihnen war sehr wahrscheinlich auch Ferdinando, der in seinem Vorstellungsschreiben an den Orden ausdrücklich bemerkt hatte, daß er sich "zur Mission in barbarischen Gegenden hingezogen" fühlte.

Das allerdings deckt sich nicht mit den Vorhaben Gottes. Ferdinando erkrankt, und diese Situation bringt ihn in kurzer Zeit zu einem doppelten und erzwungenen Verzicht: auf die Abreise in die Mission und sogar auf die Fortsetzung des Ordenslebens. Seine kränkliche Konstitution erlaubte ihm nicht, den Test der jesuitischen Disziplin zu bestehen, so daß die Oberen es für angebracht hielten, ihn in die Familie zurückzuschicken.

Am 15. November 1839 muß Ferdinando also Rom verlassen und sich auf den Rückweg begeben, der ihn wieder in sein Heimatdorf führt. Dort erweisen sich die gesunde Landluft und die Atmosphäre des alten Gutshauses von Campodoso für eine raschere Wiederherstellung als günstig.

Dennoch hinterließ dieser kurze römische Aufenthalt in der Bildung des jungen Mannes ein unauslöschliches Siegel; hieraus nahm er grundlegende Elemente für sein persönliches tägliches und geistliches Lebensprogramm. Gewohnheiten, äußere Haltung, regelmäßiger Tagesablauf, Treue im Gebet, apostolischer Eifer,

Flucht vor Anerkennungen, schließlich kindlicher Gehorsam gegenüber den Vorgesetzten offenbaren in ihm immer die Lebensauffassung eines Jüngers des heiligen Ignatius.

Das erstrebte Ziel

Wenn auch Ferdinands Gesundheit sich als nicht geeignet für den Einsatz in einem gemeinschaftlichen und missionarischen Leben gezeigt hatte, so blieb er doch fest entschlossen zu seinem anfänglichen Plan, sein Leben ganz in den Dienst Gottes und der Menschen zu stellen. Das war ein klares und durchdachtes Projekt und wurde nie von Unsicherheit oder Zweifeln erschüttert. Deswegen unternimmt er alles, um dieses Ziel zu erreichen, das er für sich als Gottes Willen erkennt.

Wieder in Reno Finalese, stellte er weiterhin die Echtheit seiner Berufung unter Beweis: immer stand er für den Dienst der Kirche zur Verfügung, gleich, ob es sich um liturgische Handlungen oder Glaubensunterweisung handelte. Dies wird von seinem Pfarrer, Don Sante Pignatti, bezeugt, der in diesem Moment für ihn sicher Freund, Führer und pastorales Vorbild war[12].

Zunächst einmal nahm Ferdinando sofort die Studien wieder auf, die ihn an das erstrebte Ziel bringen sollten; auf Grund der zeitgeschichtlichen Umstände und aus persönlichen gesundheitsbedingten Gründen besuchte er dazu nacheinander die folgenden drei Seminare: Finale Emilia und Modena, wo er im Schuljahr 1839/40 das erste Jahr Philosophie "mit offensichtlichem Gewinn" absolvierte[13]; Ferrara, wo er sich in den Jahren 1840–1844 dem philosophischen und theologischen Studium widmete und so seine Vorbereitung auf den priesterlichen Dienst

---

[12] Wir beziehen uns hier auf die Erklärung, die der Pfarrer für die Zulassung zum Seminar von Ferrara im November 1840 abgegeben hat; das Dokument befindet sich im Archiv dieses Seminars, cart. dei Rescritti, 1831–1846, Band 1840/41/42.

[13] Dies ergibt sich aus der Erklärung des Vizerektors des Seminars von Finale Emilia, Don Dionigi Ferrarini im genannten Band.

beendete. Die Archive der genannten Seminare geizen eher mit Dokumentation, die für uns interessant sein könnte. Aus dieser Periode bleiben wirklich nur die persönlichen Aufzeichnungen über die einzelnen Etappen, die zur Erreichung der Priesterweihe vorgesehen sind. Aus den Bescheinigungen des Seminarrektors von Ferrara geht jedenfalls hervor, daß Ferdinandos Betragen vorbildlich war und daß er in den Studien gute Leistungen erzielte, obwohl er ständig von Migräne geplagt war, die ihm einen regelmäßigen Besuch der Vorlesungen an der theologischen Fakultät der Universität verwehrte[14].

Seine Priesterweihe fand also am 2. März 1844 in der Kapelle des Erzbischöflichen Palastes von Ferrara durch Kardinal Giovanni Ignazio Cadolini statt, den damaligen Erzbischof der Este-Stadt. Es war am Quatember-Samstag im Frühling. Endlich war das mit immer neuem Bangen so heiß ersehnte und erwartete Ziel erreicht. Dem Brauch entsprechend, feierte der Primiziant seine erste Messe am darauffolgenden Sonntag, dem 3. März 1844, in seinem Heimatdorf, in Reno Finalese. Die Kirche,die Pfarrgemeinde, die ihn mit der Taufe in das göttliche Leben aufgenommen hatte, empfing ihn jetzt mit Jubel als Diener des Herrn. An diesem unvergeßlichen Tag umgaben ihn seine geliebten Eltern, die Schwestern , eine vielköpfige Schar von Verwandten, Freunden und Bekannten.

In Ferrara ordiniert, mit einem Entlassungsschreiben des Bischofs von Modena, Monsignore Luigi Reggianini, hätte Don Ferdinando zum Klerus von Ferrara gehören sollen. Hingegen kehrte er in seinen zu Modena zählenden Heimatort gleich am Morgen nach der Priesterweihe zurück. Diese Unbeständigkeit und diese neue Phase seines Lebens haben mit der besonderen Situation der Familie Baccilieri zu tun; durch Mißwirtschaft, verursacht durch "mangelnde Umsicht in der Verwaltung der häuslichen Ge-

---

[14] Dies kann man in den Erklärungen des Rektors, Kanonikus Gaetano Carletti lesen, die er für die Zulassung zum Diakonat, Juni–August 1843, abgab. In Archivio Curia arc. Ferrara, Atti di curia-ordinazioni, fasc. 5 agosto 1843.

schäfte"[15], hatte sich der ursprüngliche Wohlstand verringert und Vater Domenico veranlaßt, zunächst auf das Anwesen von Campodoso zurückzukehren und dann ein bescheideneres Domizil in der Umgebung von Reno Centenese zu beziehen. Deswegen wird dies der Ort der ersten pastoralen Tätigkeit Don Ferdinandos sein.

---

[15] Vgl. E. Malavolti, Modesto tributo di affetto e venerazione alla cara memoria del sacerdote Ferdinando Baccilieri, parroco di Galeazza Pepoli, Modena 1893, S. 13.

II. ERSTE ERFAHRUNGEN ALS PRIESTER

Die pastorale Lehrzeit des jungen Priesters verlief in zwei klar zu unterscheidenden Bereichen: da war einmal die Glaubensunterweisung mit Katechese und Predigt; noch stärker prägte ihn aber die Ausbildung zukünftiger Priesteramtskandidaten.

Die Jahre 1844–1851, die der Ankunft in Galeazza vorausgehen, sehen Don Ferdinandos Wirken als Mitarbeiter des Pfarrers von Reno Finalese, als Prediger in verschiedenen Pfarreien der angrenzenden Diözesen, Lehrer und geistlichen Direktor des Seminars von Finale, als Universitätsstudenten und schließlich als geistlicher Verwalter von Galeazza.

Mitarbeiter des Pfarrers von Reno Finalese

Don Ferdinando begann sein pastorales Wirken vor allem als Mitarbeiter von Don Sante Pignatti, dem Pfarrer von Reno Finalese; hier zeichnete er sich bald in der Jugendseelsorge und durch seine Predigten an den lokalen Hauptfesten aus. Diese seine ersten Erfahrungen hinterlassen ihre Spuren in den Pfarr-Registern, in denen die Unterschrift des jungen Priesters sehr häufig erscheint, sei es zur Bestätigung von Messen, die er am Altar der Allerseligsten Jungfrau von Loreto gefeiert hatte, wie sie ein frommer Legat in der Pfarrei wünschte, als auch zur Bestätigung seiner häufigen Predigten.

Seine ersten Predigterfahrungen beschreibt Don Ferdinando selbst in einem Brief an den Seminardirektor von Ferrara vom 30. April 1845:

»Entschuldigen Sie, wenn ich bisher nicht auf Ihren letzten Brief geantwortet habe, da ich durch eine Novene (einen neuntägigen Predigtzyklus, A.d.Ü.) verhindert war, den ich ausarbeiten mußte. Sie wissen ja besser als ich, daß ein Anfänger nie genug Zeit hat, um sich auf die Predigt vorzubereiten.«[1]

Seine Lehrzeit besteht vor allem darin, mit Ernsthaftigkeit, Genauigkeit und Tiefe, Diener des Wortes zu sein. Die erhalten gebliebenen Predigten enthalten reichlich Heilige Schrift, und auch nach dem Urteil der Zensoren seiner Schriften »ist Baccilieri hier recht zu loben«.[2]

Als Diener des Wortes sorgt er bald dafür, mit allen Erlaubnissen ausgestattet zu sein, die zu diesem besonderen Amt gehören, als da sind päpstlicher Segen für Advent und Fastenzeit, päpstliche Absolution für die Sterbenden, vollkommener Ablaß *in articulo mortis*, angesichts des Todes.

Fastenprediger und Volksmissionar

Der apostolische Eifer und seine missionarische Neigung führten Baccilieri jedoch dazu, seinem Wirken keine Grenzen zu setzen. Durch Fastenzeit und Missionen dehnte er seine Predigtätigkeit auf viele andere Ortschaften der Diözesen von Bologna, Modena und Ferrara aus, war er doch wegen seines freimütigen, klaren und qualitätvollen Wortes stets gesucht.

Er predigte in Finale, Massa, Galliera, in San Donino und Buonacompra, in einigen Pfarrgemeinden des Bologneser

---

[1] Vgl. Brief an Kardinal Ferdinando Bianchi, Rektor des Seminars von Ferrara; Archiv des Erzbischöflichen Seminars von Ferrara, Cartella terza contabile, n. 97.

[2] Vgl. Iudicium alterius theologi censoris, 1. April 1964, in: Positio super scriptis des Diener Gottes, Rom 1966, S. 13.

Apennins wie Vergato, Affrico, Montovolo, aber auch in anderen Orten der nahen Romagna.

Überall traf er auf Achtung und Wertschätzung beim Volk, bei den Pfarrern, selbst bei den Bischöfen der beteiligten Diözesen. So sagt Malavolti, daß Don Ferdinando in der Predigt

»Von Anfang an bewunderswert erfolgreich war. Sein Wort enthielt die Wärme der Liebe Gottes, war sanft, aber zugleich energisch und überzeugend.«[3]

Baccilieris Absicht war, demütiges Instrument zur Weitergabe der christlichen Botschaft zu sein, in der Hoffnung, »so von Gott bewegt«, »die Frucht des geschenkten göttlichen Wortes sammeln« zu können.[4]

Aus diesen ersten Jahren sind einige bezeichnende Predigten erhalten, in denen die besonderen Züge von Don Ferdinandos Spiritualität gut sichtbar werden; diese Spiritualität ist fest in Christus verankert, betrachtet seinen Tod und seine Auferstehung und ist folglich auch eng mit Maria verbunden, der Schmerzensreichen, zu Füßen ihres Sohnes am Kreuz. [5] Baccilieris Liebe zu Christus, dessen Opfer in der Messe verewigt und in der Eucharistie zum Trost der Menschen gegenwärtig bleibt, tritt schon jetzt mit absoluter Klarheit und Bedeutung heraus. Dies sind ja auch die Aspekte, die in seiner Tätigkeit als Seelenhirte und Gründer große Wirkungen zeitigen.

Erzieher, Lehrer und geistlicher Direktor im Seminar von Finale Emilia

Baccilieri war jedoch auch der geborene Lehrer. Diese Begabung wurde bald erkannt. 1845 vertraute ihm der Bischof von Modena für einige Zeit die allgemeine, religiöse und geistliche Erziehung der künftigen Priesteramtskandidaten an. Dazu sollte er im Seminar von Finale Emilia lehren und die geistliche Leitung

---

[3] Vgl. MALAVOLTI, a.a.O.; 14 f.

[4] Dies liest man in der Bitte, die Don Ferdinando 1850 an Kardinal Carlo Oppizzoni von Bologna richtete, um in Buonacompra die Fastenpredigten halten zu können: vgl. ACAB, Cancellaria ecclesiastica, 1850, tit. 4, fasc.1, rub.31, prot. 102, cart. 284.

[5] Vgl. Prediche in circostanze diverse, in: ACGB, P. Fondatore, L3, Bd. 4.

übernehmen. Wir wissen nicht, wie viele Jahre er diese erzieherische Tätigkeit ausübte; sehr wahrscheinlich von 1845–1848, dem Jahr, das eine Wende in seinem Leben bezeichnet und ihn zum Verlassen von Reno Finalese bringt, um in Bologna das Universitätsstudium zu beginnen.

Dieser kurze Aufenthalt in Finale erlaubt Don Ferdinando jedenfalls, mit bedeutenden Priestern des Klerus von Modena Freundschaft zu schließen, vor allem auch mit den Redemptoristen, die an seiner menschlichen und religösen Entwicklung als Pfarrer und Ordensgründer großen Anteil haben.[6]

Die anstrengende Lehrzeit dieser Jahre stellt sehr bald seine großen Geistesgaben heraus: vor allem sein tiefes pädagogisches Einfühlungsvermögen und seine besondere Fähigkeit, Menschen in ihrer Einzigartigkeit zu begegnen; außerdem seine gesunde Herzlichkeit, die Kommunikation und gegenseitiges Verstehen erleichtern; schließlich die Kunst, einfach, aber wirksam zu überzeugen, dazu noch sein weites Herz und sein Vertrauen.

Das waren die besten Voraussetzungen für ein Seelsorgerleben, das sich durch zahlreiche Initiativen und bleibende Resultate, wie bei Don Ferdinando, auszeichnete.

Juristische Studien

In diese Periode gehört jedoch auch eine andere Tatsache, die für die kulturelle Bildung des jungen Priesters nicht ohne Bedeutung bleibt. Nach dem Abschluß der theologischen Studien an der Universität von Ferrara schreibt sich Don Ferdinando auf Wunsch der Eltern an der päpstlichen Universität von Bologna ein, um seinen Doktor in Bürgerlichem Recht und in Kirchenrecht

---

[6] Hier möchten wir besonders die Patres Ernesto Bresciani, Antonio Bernabei, Giovanni Silva, Giuseppe Pigioli u.a. erwähnen. Die Gegenwart der Redemptoristen in Finale und im Fürstentum von Modena ist jedenfalls in der umfangreichen Studie von G. ORLANDI, La congregazione del SS. Redentore nel ducato di Modena dal 1835 al 1848 dargestellt. In: Spicilegium historicum, 1970, 18, S. 371–430.

zu machen. Abgesehen davon, daß diese Studien seine persönliche Bildung abrunden, dienen sie ihm auch später, als er sich in der winzigen Gemeinde von Galeazza zum Advokaten des Volkes gegen die Gewalttätigkeit der wenigen Reichen und Wohlhabenden macht.

Sicher ist, daß seine Einschreibung 1848 erfolgte, einem Jahr, das auf Grund der politischen Entwicklungen so turbulent wurde[7]. Don Ferdinando war damals 27 Jahre alt und seit vier Jahren Priester.

An dieser Stelle muß man nun wirklich fragen, ob er tatsächlich die Doktorarbeit *in utroque* machte. Aus der Dokumentation ergibt sich, daß Biographen wie Freunde diese Auffassung vertreten; hingegen läßt das für diese Zeit unvollständige und lückenhafte Archiv der päpstlichen Fakultät von Bologna einen einwandfreien Nachweis nicht zu, daß Baccilieri den Rechtstitel erworben hat; allerdings wird dies von späteren, in ihrem Ansehen gleichermaßen glaubwürdigen Quellen, klar belegt. Es fehlt also die Doktorurkunde, aber viele offizielle Erklärungen sehen sie als gewiß an. Es ist wohl nicht richtig, für falsch zu halten, was von Baccilieri nur aus Demut verborgen gehalten wurde.[8]

Geistlicher Verwalter und Ernnenung zum Pfarrer von Galeazza

Die erzieherisch-pastorale Tätigkeit dieses jungen engagierten, fähigen und unermüdlichen Priesters fand bald beachtliche Resonanz. Als 1851 die Pfarrei Sankt Marien von Galezza durch Absetzung des Pfarrers vakant wurde, war es naheliegend, auf ihn als die Persönlichkeit zu schauen, die in der Lage sein

---

[7] Die Zulassungsurkunde wird im Staatsarchiv von Bologna aufbewahrt, Pontificia università, busta 758, Elenco delle ammissioni e degli esami 1848–1849, f.1.

[8] Vgl. MALAVOLTI, a.a.O., S. 16–18; L. GROSSI, Elogio funebre del sacerdote Ferdinando Baccilieri, dottore in ambo le leggi, rettore e parroc, e fondatore del convento e collegio delle Mantellate a Galeazza Pepoli, Vignola 1893, S. 12; Sum doc., S. 89–92.

konnte, eine Situation geistlichen und moralischen Niedergangs zu heilen. Dies hatte ja sein Wirken in diesem äußersten Zipfel zwischen Bologneser und Modenser Gebiet bewiesen.

Es ist Monsignore Antonio Amadei, Dekan von Cento und Landvikar, der die Anwesenheit des dreißigjährigen Priesters in jener Pfarrei »für einige Tage« erbittet, um besser die Dokumente für die Ernennung zum Pfarrer erledigen zu können[9].

Instinktiv hätte sich Don Ferdinando eine pastorale Tätigkeit mit weiterem Aktionsradius gewünscht und sich aus eigener Initiative niemals entschieden, sich endgültig an eine kleine Landgemeinde wie Galeazza zu binden. Aber da er davon ausging, daß es sich nur um einen vorübergehenden Auftrag handelte, kam er der Anfrage nach und stellte sich zur Verfügung. Das war am 14. Juni 1851.

So beginnt jene Periode, die den zweiten Lebensabschnitt Baccilieris bestimmen und prägen wird.

Im übrigen war es nicht seine Art, eine Aufgabe mit Resignation anzunehmen. Er machte sich sofort ans Werk und setzte seine besten Energien ein, um die Situation in dieser Land- und Pfarrgemeinde wieder zu bessern.

Die Leute verstanden und liebten ihn sofort, auch seine Mitbrüder im Priesteramt schätzten ihn, so daß sie Kardinal Carlo Oppizzoni von Bologna baten, seine Ernennung zum Pfarrer durch die Grafen von Pepoli zu beschleunigen.

Auch wenn Galeazza klein ist, rühmt es sich doch eines historischen Ursprungs. In der Tiefebene von Bologna zwischen Panaro und Reno gelegen, verdankt es seinen Namen dem Grafen

---

[9] Mons. Antonio Amadei, aus Cento gebürtig, war von 1847 bis zu seinem Tod 1895 Erzpriester in San Biagio in Cento. Als Vikar und Landdechant war er Leiter und Freund von Don Ferdinando; eine ganze Reihe an ihn adressierte Briefe sind erhalten, die uns erlauben, die Umgebung sowie die soziale und kirchliche Situation der Zeit zu rekonstruieren. Das hier erwähnte Zitat findet sich jedoch in Don Ferdinandos Brief vom 11. Mai 1851 an den Freund Don Filippo Balboni, den Pfarrer von Reno Centese: vgl. APSB, Plebanato e vicariato di Cento, cart.1, fasc. 7, unter dem Datum. Die Kursivschrift findet sich im Text.

Galeazzo Pepoli, der sich 1408 hier niederließ und in der typisch mittelalterlichen Burg seine Wohnstatt nahm. Sie steht immer noch. Der Landbesitz gehörte ursprünglich zu den ausgedehnten Besitzungen, die unter dem Namen Crevalcore dem berühmten Kloster von Nonantola eigneten. Anfang des 15. Jahrhunderts wurde dieser Besitz vom Abt jenes Klosters in Erbpacht an die Bologneser Familie der Grafen Pepoli abgetreten und ging 1870 an die Familie Falzoni-Gallerani aus Cento über, die heutigen Besitzer.

Der Boden dort war damals feucht und ungesund; die Pepoli verbesserten ihn und bauten dort auch die erste Kirche, die sofort der Muttergottes geweiht wurde; ab 1574 ist sie als Pfarrei bezeugt.

Wegen ihrer Verdienste um die Kirche behielten die Pepoli das Recht, den Pfarrer zu ernennen, auch als 1821 Galeazza durch Dekret Pius VII. an die Diözese Bologna überging[10].

Im August 1851 gelang es schließlich der vielstimmigen Bitte der Bevölkerung von Galeazza, Don Ferdinandos Widerstreben sowie die bürokratischen Schwierigkeiten zu besiegen, die sich aus dessen Zugehörigkeit zum Jurisdiktionsbereich der Diözese Modena ergaben.

Mit der Ernennung der Pepoli und dem Bestehen des Bewerbungsexamens am 5. Februar 1852 wird Don Ferdinando Rektor von Santa Maria di Galeazza; das Siegel ist vom 22. April 1852. Am folgenden 25. April, dem Fest des heiligen Markus, wird er im Rahmen der Osterfeierlichkeiten offiziell eingeführt.[11]

Damit erfüllte sich die Prophetie von Pater Tito Facchini, dem Jesuiten, der Baccilieris Seelenführer war:

»Mein lieber Don Ferdinando, du wirst Pfarrer werden, auch wenn du nicht magst; aber so will es der Herr.«[12]

---

[10] Für Informationen über Galeazzo Pepoli vgl. U. BESEGHI, Castelli e ville del bolognese, Bologna 1957, S. 384–389.

[11] Die so entscheidenden Ereignisse der Jahre 1851–1852 werden ausführlich und kritisch dargestellt in Sum. doc., S. 101–128.

[12] Vgl. MALVOLTI, a.a.O., S. 22.

Galeazza wird also von nun an seine Welt sein; hier wird er alle seine Kräfte einsetzen, hier wird er unauslöschlich seine religiöse und kirchliche Sicht einprägen.

Von 1852–1893 vergehen ganze einundvierzig Jahre seines ausdauernden und eifrigen Wirkens zum Wohl seiner Leute. Unter Verzicht auf verschiedene Aufstiegsmöglichkeiten, auch im kirchlichen Bereich, entschließt er sich freiwillig, sein Leben lang ein armer Landpfarrer zu bleiben, der seine breite humanistische, theologische und juristische Bildung in den Dienst der Menschen stellt, die seiner pastoralen Sorge anvertraut sind.[13]

---

[13] Im Jahre 1855 versuchte Bischof Francesco Emilio Cugini von Modena ihn an die Erzprätur von Finale zu holen: vgl. Archiv der Bischöflichen Kurie von Modena, Segretaria vescovile — affari correnti, filza VI, fasc.23. !884 wollte man ihn hingegen zu einer hohen kirchlichen Aufgabe gewinnen, wie auch Kardinal Lucido M. Parocchi bestätigt: vgl. MALAVOLTI, a.a.O., S. 35.

ampodoso (Reno Finalese - MO): Geburtshaus von on Ferdinando, früher Karelitenkloster, heute privates Wohnhaus.

ampodoso: Eingang des Geburtshauses.

Leonilde Dalla Bona (Mutter von Don Ferdinando) und Domenico Baccilieri (Vater von Don Ferdinando).

Reno Finalese (MO): Taufbecken in der Pfarrkirche, wo Don Ferdinando am 15. Mai 1821 getauft wurde.

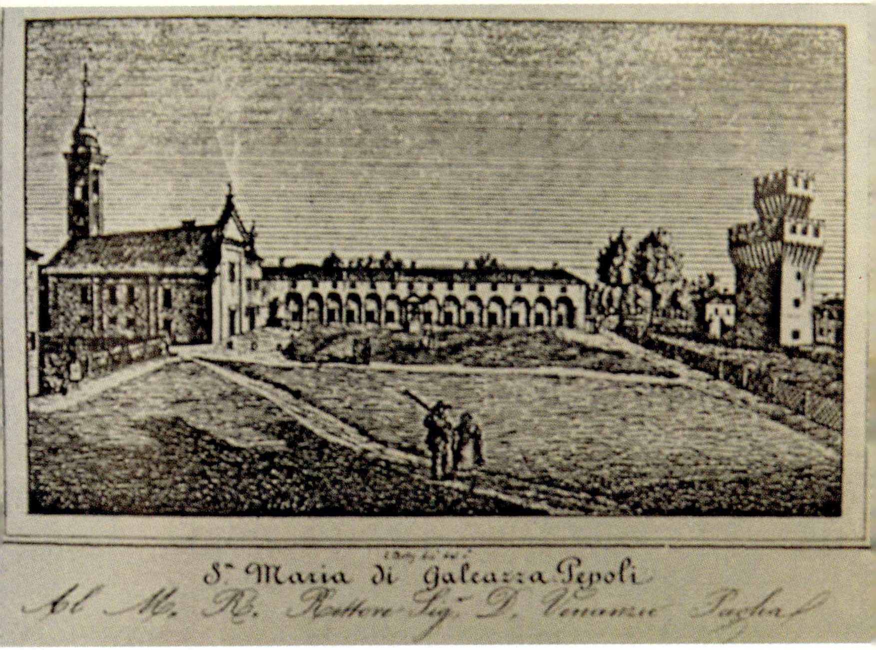

Galeazza Pepoli zu der Zeit, als Don Ferdinando in die Pfarrgemeinde kam.

Galeazza: Pfarrkirche.

Galeazza: Pfarrkirche mit angrenzendem Pfarrhaus und dem Kloster der Servitinnen von Galeazza.

Galeazza: mittelalterliche Burg.

III. OHNE ZAUDERN AN DIE ARBEIT

Bei seiner Ankunft in Galeazza ergaben sich für Don Ferdinando zwei klar umrissene Wirkungsbereiche, die radikale Maßnahmen verlangten: die Instandsetzung des Kirchengebäudes und der angrenzenden Bauten, die sich in erbärmlichem Zustand befanden; zum anderen die geistliche Formung einer Bevölkerung, die nach moralischen und religiösen Werten hungerte, die der drohende Antiklerikalismus aus nicht wenigen Sitten, Gebräuchen und Traditionen des Alltags zu vertreiben versuchte.

Die Geschichte von Don Ferdinando spielt sich im übrigen in einer besonderen Region Italiens ab, der Bologneser »bassa«, der »Ebene«; es ist die Zeit des Risorgimento; die Einflüsse des Liberalismus, Mazzinis und der Freimaurer erschüttern die Emilia und Romagna am Vorabend der Achtundvierziger-Revolution.

Für die Menschen dieser Gegenden waren dies Jahre der Entbehrung und des Elends, aber auch des mitreißenden kollektiven Enthusiasmus und heftiger Leidenschaften. Furcht vor dem Mangel an den Grundnahrungsmitteln wie Mais und Getreide, gleichzeitig fehlende Arbeit aufgrund der geringen Hanfernte — das waren die immer drohenden Gespenster über dieser Menschengruppe. Die bürgerliche Klasse ihrerseits nutzte diese Situation mit dem Ziel aus,die Bevölkerung zu bewegen, dem bevorstehenden Beitritt zum neuen Königreich Italien zuzustimmen.[1]

[1] Vgl. B. Vidoni, Figure e momenti di storia centese (1853–1862), Cento 1978, S. 7–32.

Wie war Galeazza?

Als Don Ferdinando Pfarrer wurde, zählte die Pfarrei von Galeazza wohl 627 Seelen, die zu 83 Familien gehörten, wobei die Bewohner teils in den verschiedenen ärmlichen Bauernhäusern, wie sie in der Campagna verstreut waren, und in den an die Kirche anschließenden Gebäude wohnten, teils im Ortsteil Palazzina, der von Galeazza durch die Pfarrei von Palata Pepoli getrennt war.

Das war also die soziale Lage der Familien. Gering war die Zahl der Besitzenden, die Gemeinde von Galeazza stand unter der Herrschaft von nur zwei Großgrundbesitzern; größer war die Zahl der Landarbeiter; zu ihr gehörten Bauern, Pächter, Ochsenhirten, Tagelöhner; schließlich befand sich die Klasse der Handwerker — Schmiede, Schuster, Schreiner, Maurer und Schneider — in den Anfängen.[2]

Neben der ortsansässigen Bevölkerung gab es außerdem noch Saisonarbeiter: arme Tagelöhner, die zur Haupterntezeit hierher kamen, für die minimale Entlöhnung dürftigste Lebensverhältnisse in Kauf nahmen und so noch zur Verstärkung von Verarmung, Analphabetentum und Binnenwanderung beitrugen.

Als ob das alles noch nicht genug sei, fehlte es in Galeazza auch noch an einer verständigen und sicheren Leitung, wie der Pfarrer sie hätte darstellen sollen. Don Venanzio Paglia war wegen seiner wenig rühmlichen Lebensführung aus seinem Amt entfernt worden, nachdem er die Pfarrgemeinde an den Rand des Untergangs gebracht hatte.

Unwissenheit, Verbrechertum, moralische Unordnung, Spaltung in den Familien, religiöses Desinteresse waren folglich Merkmale des Erbes, das Don Ferdinando unter diesen Menschen gleich bei seiner ersten Begegnung 1851 feststellte. Das bezeugt Schwester M. Bernardina Vaccari mit diesen aussagekräftigen Worten:

---

[2] Dies kann man aus dem Pfarrarchiv von Galeazza entnehmen, das Don Ferdinandos Vorgänger geführt hat: Stato d'anime per l'anno 1847.

»Als ›Don Ferdinando‹ nach Galeazza kam, fand er die Einwohner so unerträglich und unwissend vor, daß sie kaum das Kreuzzeichen zu machen wußten; die Kirche sah aus wie ein Stall, die Holzlampen, die sakralen Gegenstände vernachlässigt und schmutzig; alles war gleich fürchterlich. Aber unser guter Vater brachte eins nach dem anderen alles wieder in Ordnung.«[3]

Es konnte also wirklich kein menschlicher Beweggrund sein, der ihn 1852 drängte, sich um jene Pfarrei zu bewerben. Es wird auch nichts Menschliches sein, das ihn dazu bringt, die Situation voll anzunehmen und einundvierzig Jahre lang Tag für Tag seinen Enthusiasmus und all seine Kraft hier einzusetzen.

An Galeazza bindet er sich mit einem unauflösbaren Pakt und verzichtet dafür, wie schon erwähnt, auch auf lukrativere Tätigkeitsbereiche und kirchliche Beförderungen, die ihm für seinen ausgezeichneten und selbstlosen Dienst mit Recht zugestanden hätten.

Wiederaufbau des Kirchengebäudes

Die Pfarrkirche von Galeazza, die heute dort steht, ist nicht dieselbe, die Don Ferdinando 1851 vorfand. Der materielle Aufbau der Kirche, die er, wie er sagt, in einem Zustand »zwischen baufällig und Ruine« vorfand, deren Fußboden »ein großes Nest für Nattern und Frösche« war[4], begleitete in der Tat alle Jahre seines Wirkens, da er seine Maßnahmen nach den dürftigen finanziellen Mitteln der Pfarrei richten mußte. Familie Pepoli, deren Aufgabe es im übrigen gewesen wäre, den größten Teil beizusteuern, unterstützte die dringenden Wiederherstellungsarbeiten, die Don Ferdinando geltend machte, nur wenig, und auch von der

[3] Vgl. Note di suor Bernardina Vaccari, delle Mantellate di Galeazza, intorno al Servo di Dio d. Ferdinando Baccilieri, 10 aprile 1927, ACGB; P. Fondatore, L I, in Sum. doc., S. 834–837.

[4] Vgl. Fragebogen zum Pastoralbesuch 1880, in ACAB, Sacra visita pastorale dell'e.mo cardinal Parocchi, vol. 29B, fasc. 5.

Gemeinde von Crevalcore, die damals wenig günstig gesonnen war, hatte er nicht viel zu erwarten.

Folglich mußte er in kleinen Schritten vorgehen, aus eigener Tasche gewaltige Summen zuschießen, immer in der Hoffnung auf Hilfe großzügiger Menschen, unter ihnen Luigi Gallerani aus Cento und Familie Busi aus Dodici Morelli. Die Pfarrangehörigen hatten zwar kein Geld zum Spenden, aber ihre Arbeitskraft stellten sie der Kirche immer gratis zur Verfügung. Don Ferdinando gelang es, dank der Mitarbeit der Vereine, einen echten Wettstreit der Solidarität in der Pfarrgemeinde zu organisieren; dabei hatte jede Gruppierung ihre eigene Aufgabe und ergänzte die der anderen; dabei ist vor allem die Leitung der von Baccilieri gegründeten Gemeinschaft von Ordensfrauen wichtig.

Von all dem gibt er pünktlich Rechenschaft in den Fragebögen zu den Pastoralbesuchen der Kardinäle von Bologna, Carlo Luigi Morichini und Lucido Maria Parocchi. Darin lobt er die Großzügigkeit aller, doch insbesondere der Mantellate (= der Schwestern), von Kaplan Don Cesare Marchetti, der sich manchmal seinen eigenen Beitrag auch vom strikt Lebensnotwendigen abzog; bezeichnenderweise verliert er kein Wort über das, was er selbst beisteuerte.

»Die Pfarrverwaltung ist absolut nicht in der Lage, die dringendsten Ausgaben zu decken,« schreibt er 1880; »es ist daher wirklich Gottes Vorsehung für sie, mildtätige Menschen zu haben, die immer zur Hilfe bereit sind.«[5]

So wurde das Gotteshaus nach und nach völlig restauriert. Man begann mit dem Abriß des Prebyteriums und dem Niederwerfen des Glockenturms. Man baute vor allem ersteres neu und erneuerte die beiden größten Seitenkapellen, die der Schmerzhaften Muttergottes und die der Heiligen Familie, von Grund auf.

---

[5] Ebenda.

Für den Campanile waren hingegen drei Jahre Arbeit notwendig, in denen gleichzeitig das Rosenkranz–Oratorium und die Kapelle der Schwestern vom Fundament her neu aufgebaut wurden. 1869 wurden die Antonius–Kapelle und die Kapelle der heiligen Giuliana errichtet.

Zur Vollendung der Kirche blieben noch weitere Arbeiten: sie höher ziehen, wobei gleichzeitig das Gewölbe errichtet werden mußte; das Kirchenschiff verlängern und noch um eine hübsche Fassade erweitern; den Fußboden einziehen. Bis auf den Fußboden war dank der Großzügigkeit des Cavaliere Alessandro Falzoni Gallerani, jenes Neffen und Erben des schon erwähnten Herrn Luigi Gallerani, alles im Jahre 1871 fertiggestellt. Der farbige Fliesenfußboden wurde hingegen im Sommer 1892 gelegt; damit konnte der alt gewordene Hirte auf die Vollendung seines Wiedeaufbauwerkes blicken, für das er gekämpft, gelitten und sicherlich auch gebetet hatte.

Wiederaufbau der Pfarrgemeinschaft

Aber das Wichtigste war für Don Ferdinando doch der geistliche Zustand der Menschen. Auf der einen Seite gab es gewalttätigen Haß, auf der anderen absolute Gleichgültigkeit. Folglich war es unbedingt notwendig, die Apathie wachzurütteln und den Fanatismus zu beruhigen. Mit Gottes Hilfe gelang ihm das eine wie das andere in außergewöhnlichem Maß durch besondere Initiativen, wie sie sich ein so erfinderischer Geist wie der seine einfallen ließ.

Der Anfang war nicht leicht. Ungeheuer viel Arbeit lag vor ihm. Im Bewußtsein seiner Verantwortung begab sich der junge Pfarrer ohne Zaudern, keine Mühe scheuend, ans Werk; dabei verschliß er seine ohnehin schon schwache Gesundheit. Die Magenkrankheit, die ihn jahrelang quält und fast zum Verstummen bringt, ist Folge dieser Überanstrengung. 1875 schreibt er seinem Freund, Pater Ernesto Bresciani: »Diese Magengeschichte ist die

Folge der allzu vielen Anstrengungen, die ich für diese meine arme Pfarrei unternommen habe.«[6]

Mit seinem Wort und dem Beispiel seines Lebens gewann er sich bald die Herzen; und die Kirche, die zuvor öde war, fing wieder an, sich zu bevölkern. Don Ferdinando zeigte sich sofort als »ein heiliger, höchst eifriger Mann, voll des Geistes Gottes, fähig, nicht nur selbst heilig zu werden, sondern auch die anderen zur Heiligkeit zu führen.«[7]

In diesem Sinn schreibt Malavolti:

»Wer ratlos war, müde von den Schlachten des Lebens, wer voller Schmerz, weil vom Unglück herumgestoßen, lief zu Pfarrer Baccilieri; und der war immer heiter, immer gleich, hatte für jeden ein Wort des Trostes: er vermochte — wie es die Heiligen konnten — den Zweifelnden zu raten, mit den Gefallenen zu leiden, die Unerfahrenen zu erleuchten, und das alles bei tausend Gelegenheiten, ohne Autorität hervorzukehren, sondern mit einer solchen Herzlichkeit und Natürlichkeit, als sei er ganz unbeteiligt daran.«[8]

Man könnte jedoch nicht über das innere Leben Baccilieris und seinen Dienst sprechen, ohne — wie Kardinal Giacomo Lercaro mit Recht betonte — anzudeuten, welches Licht »auf das eine wie das andere seine tiefe und zarte Marienverehrung wirft«[9].

Er begann also mit dem Aufbau der Bruderschaft von der Schmerzensmutter; ihr zu Ehren wurden im Oktober 1852 glänzende Feste gefeiert; ihr weihte Don Ferdinando sich selbst und die Pfarrei, zu ihr führte er Freunde und Feinde. Diese Weihe an

---

[6] Vgl. Brief an Bresciani vom 10. April 1875, ACGB, P. Fondatore, L 2, Band 1, unter dem Datum.

[7] Dies bemerkte der Redemptorist Pater Antonio Bernabei, in seinem Bericht über die Volksmission in Galeazza vom Mai 1855: vgl. ACSR, XXII, R 6, Nr. 11.

[8] Vgl. Malavolti, a.a.O., S. 31.

[9] Vgl. Gedächtnisrede von Kardinal Giacomo Lercaro in Galeazza am 16. 11. 1959, in: Pos. intr., Rom 1973, S. 216.

Maria war in der Tat Ausgangspunkt einer immer echteren und tieferen Verehrung der Schmerzen Mariens; diese Verehrung, könnte man sagen, verwandelte die Pfarrkirche von Galeazza in ein richtiges Marienheiligtum. Von der Bruderschaft ging man dann 1855 zum Dritten Orden der Diener Mariens über; dieser wird zum Ausgangspunkt für die Gründung der Kongregation.

Baccilieris erster Pastoralplan umfaßte jedenfalls alle Aspekte des Pfarreilebens. Entsprechend dieser Weite und Komplexität seines Handelns empfiehlt es sich, die einzelnen Bereiche getrennt zu betrachten und zu würdigen.

IV. EIN UNABSEHBARES FELD

Als Pfarrer einer kleinen Gemeinde fühlt sich Don Ferdinando verpflichtet, sich ganz für sie einzusetzen. Die begrenzte Zahl der Seelen, die geringe Bildung und die harte Arbeit der Menschen hätten ihn zu Unzufriedenheit und Unruhe oder, schlimmer noch, zu einer gefährlicheren Nachgiebigkeit, zu Untätigkeit und Müßiggang verleiten können.

Hingegen beeindruckt in Baccilieris Leben, wie er bei einem so begrenzten Horizont eine Weise fand, so viele Energien und Kraftquellen einzusetzen: seine lebhafte Intelligenz, seine Universitätsbildung, die Gabe des Wortes, sein feiner Scharfsinn und schließlich seine organisatorischen Fähigkeiten ...

Die Jahre der Nachlässigkeit und vor allem anstoßerregender Verwirrung durch seinen Vorgänger hatten zusammen mit den Keimen der Entchristlichung, wie sie sich mittlerweile in diesen Bevölkerungsschichten ausbreiteten, die Pfarrangehörigen von Galeazza der Kirche entfremdet. Die Vernachlässigung der Sonntagspflicht, Fluchen, das Fernbleiben von den Sakramenten, Freizügigkeit der Sitten, vertiefte Feindseligkeiten machten dem neuen Pfarrer seine Aufgabe bitter. Aber seine großzügige Hingabe brachte der Pfarrei die Erlösung.

Katechese und Predigt

Eingedenk des Evangelienwortes, daß aus dem Herzen des Menschen Gutes und Böses hervorgeht, fing Don Ferdinando sofort damit an, das Wort Gottes zu verkündigen und entsprechend seinen Dienst zuerst auf die geistliche Unterweisung zu konzentrieren.Daher sorgte er sich in Predigt und Katechese besonders um die christliche Erziehung.

»Ich habe angefangen, den Leuten beizubringen, wie man gut beichtet, und nach meinen Beobachtungen ist der Teufel wirklich dabei zu verlieren,« bemerkt er schon acht Tage nach seiner Ankunft in Galeazza, »aber was das Glaubenswissen angeht, bin ich echt in Schwierigkeiten, denn wirklich alle sind hundert Jahre im Rückstand. ... Viele, große und gestandene Leute ignorieren die grundlegenden Dinge.«[1]

Die Predigten in Galeazza waren aus diesem Grund sehr häufig. Außer der Homilie über das Sonntagsevangelium gab es Predigten zu den besonderen Zeiten des Kirchenjahres wie Advent und Fastenzeit, oder als Triduen, als drei- beziehungsweise als siebentägige Feiern, als Novenen und in den Marienmonaten. Außerdem hielt er Katechese in Form von Dialogen zwischen dem Wissenden und dem Unwissenden, die den Sachverhalt den Zuhörern leichter verständlich machten; die wichtigsten Bücher der Schrift und die grundlegenden Glaubenswahrheiten wurden vorgestellt: Don Ferdinando hatte eine klare Intuition: alle diese Unterweisungen sollten sich zu einer systematischen und möglichst vollständigen Darstellung der christlichen Botschaft zusammenfügen, und zwar in ihrer historischen, biblischen, theologischen, moralischen, liturgischen und sakramentalen Dimension. So sollten seine Leute zu einem bewußten und reifen Glauben geführt werden.

Spuren von all dem liegen uns in den zahlreich erhaltenen Schriften vor; außer dem Bewußtsein seiner pastoralen Sendung bezeugen sie auch seinen tiefen Respekt vor der Zuhörerschaft.[2]

---

[1] Vgl. Brief an Amadei vom 25. Juni 1851, APSB, Plebanato e vicariato di Cento, cart. 1, fasc. 7 unter dem angegebenen Datum.

[2] Die pastoralen Schriften Don Ferdinandos wurden in acht Bänden gesammelt und umfassen Erklärungen zum Evangelium, Darstellungen der Kirchengeschichte, Predigten zu verschiedenen Anlässen, Marienpredigten. Gesammelt sind sie in ACGB, P. Fondatore, L 3, L 4.

Niemals überließ er sich der Improvisation; Immer dachte er darüber nach, was er sagen wollte, und arbeitete sich dazu ein Schema aus. Die Lektüre dieser Aufzeichnungen erlaubt uns also, seine Bildung und seinen rhetorischen Stil kennenzulernen. Dieser Stil ist gewiß abhängig von der Predigtpraxis seiner Zeit; folglich werden, auch wenn die theologischen Konzepte klar und wirkungsvoll dargestellt werden, praktische Moralanwendungen doch stärker betont. Zugleich haben seine Ansprachen jedoch ein solides Fundament durch die zahlreichen Schriftworte und Väterzitate. Bei ihrer Bewertung müssen wir mit Recht bedenken, daß wir in ihnen keine Neuheiten oder Gelehrsamkeit erwarten dürfen, sondern wir sollten sie einfach mit den Augen der Zeitgenossen betrachten, die sich an Don Ferdinando wandten und ihn »nicht den tüchtigen Prediger, sondern den guten Pfarrer von Galeazza« nannten. Sie sind also zu lesen nicht im Blick auf »seine seltenen Geistesgaben, sondern auf die Gaben seines Herzens«.[3]

Entsprechend einer tief verwurzelten allgemeinen Tradition in der Gegend von Padua verwandte er besondere Sorgfalt auf die christliche Unterweisung der Kinder. Hier geht es ja nicht nur um Aufnahme von Wissen, sondern wirklich um den Anfang des Gesprächs mit Gott im Gebet und bereits um die Übernahme kleiner Aufgaben im Leben.

Die Christenlehre fand also in Galeazza im Winter einmal an jedem Sonn- und Feiertag statt und zweimal, wenn die Tage länger waren. Es gab drei Klassen, in denen Jungen und Mädchen fein getrennt waren: die erste für die Anfänger, die zweite für diejenigen, die auf die Beichte vorbereitet wurden, die dritte für die anderen, die zur Erstkommunion zugelassen werden sollten.

Der Erstkommunion ging eine Zeit der intensiveren Vorbereitung voraus, in der die Kinder vom Beginn der Fastenzeit bis zum Fest des heiligen Aloysius von Gonzaga, dem für dieses Ereignis gewählten Tag, täglich zusammenkamen. Nachdem sie zweimal zur Beichte gegangen waren, wurden sie auf das unmittelbare Geschehen vorbereitet durch »Kurzkatechesen«, zur Vorbe

---

[3] Vgl. GROSSI, ebd., S. 16.

reitung und zur Danksagung, und dann nahmen sie zum ersten Mal am eucharistischen Mahl teil.

Allerdings konnte Don Ferdinando nicht auf eine tüchtige Schar von Katecheten zählen, »da die Pfarrangehörigen alle Landarbeiter waren, Artisten, des Schreibens unkundig und daher nicht fähig dazu;«[4] entsprechend setzte Don Ferdinando sich selbst in diesem Bereich der Verkündigung ein, unterstützt von den jeweiligen Kaplänen, die sich in Galeazza abwechselten, und, wie später ausführliches beschrieben wird, von der Gruppe der Tertiarinnen, der Diener Mariens.

In den verschiedenen Berichten für die Pastoralbesuche bemerkt man eine ständige Sorge Don Ferdinandos, einerseits wegen der Teilnahme an der Christenlehre, zum anderen wegen des zu benutzenden Textes. Drei Hindernisse erkennt er als Ursache der mangelnden Vorbereitung der Kinder: die öffentlichen Schulen, die keine religiöse Unterweisung lehren und dazu noch »die besten Stunden des Tages stehlen«; Interesselosigkeit und Nachlässigkeit der Eltern, die in den Nachmittagsstunden die Jungen bei der Feldarbeit einsetzen; die allzu nahe Grenze nach Modena, die zur Verwirrung führte, da in den beiden Diözesen unterschiedliche Texte gebraucht wurden. Daraus läßt sich der pastorale Eifer Baccilieris ersehen, wollte er doch mit allen Mitteln eine regelmäßige Teilnahme der Kinder bewirken; um den Wetteifer anzuregen, nahm er seine Zuflucht auch zu Belohnungen und Geschenken.

Allerdings hatte Don Ferdinando den Eindruck, nie genug zu tun, vor allem in der Erwachsenenbildung. Deswegen holte er sich für Unterweisung und Beichte qualifizierte Unterstützung verschiedener Personen. Sein Ziel war es, alle zu Christus zu bringen, und deshalb band er die Menschen nicht an sich. Die loyale und brüderliche Zusammenarbeit mit Priestern und Ordensleuten war ein typischer Aspekt seines Wirkens. Sie ist ein Kennzeichen des

---

[4] Alle diese Notizen sind in den Fragebögen zu den Pastoralbesuchen der Kardinäle Morichini und Parocchi dokumentiert. Besonders: ACAB, Visita pastorale card. Morichini, Bd. 53 B, fasc. 5.

Gottesmanns, der in seinem unermüdlichen, väterlichen, weisen und klugen Handeln sich immer zutiefst bewußt ist, ein einfaches Werkzeug in den Händen Gottes zu sein.

Volksmissionen

Bedeutungsvoll waren im pastoralen Werk des Pfarrers von Galeazza besonders die Volksmissionen alle fünf Jahre, die er selbst abhielt, wirklich als »unersetzliches Instrument zur periodischen und kraftvollen Erneuerung des christlichen Lebens«.[5]

Ihnen maß Don Ferdinando immer große Bedeutung zu, nahm an ihnen mitten unter seinen Gläubigen teil und umgab sie mit seiner Sorgfalt und Fürsorge. Hierzu lud er von Zeit zu Zeit Redemptoristen und Franziskaner ein; sie gaben dem Leben des einzelnen und dem pfarrgemeindlichen Leben in dieser Zone einen unauslöschlichen Stempel.

Die Tage der Mission waren Tage besonderer Gnade. Galeazza stand im Mittelpunkt des religiösen und geistlichen Interesses. »Alle sind von Jesus Christus erlöst, und das ist mir genug«,[6] liebte Baccilieri zu sagen. Die Bevölkerung vervielfachte sich in völlig unvorhersehbarem Maß. Tausende von Menschen holten die Missionare an den Grenzen der Pfarrei ab, um sie in Prozession zur Kirche zu geleiten; die Predigt fand oft auf dem Marktplatz statt, weil die Kirche eine solche Menschnemenge nicht fassen konnte; die zahlreichen Beichtväter kamen mit dem Hören der Beichten kaum nach, viele können als echte Bekehrungen angesehen werden; die allgemeine Kommunion und die anderen traditionellen Zeremonien wie etwa die Prozession mit dem Allerheiligsten und mit der Statue der Schmerzhaften Mutter sowie die

---

[5] Vgl. Ansprache Papst Johannes' Pauls II. an die Redemptoristen. In: AA.VV., Missioni al popolo per gli anni '80, Rom 1981, S. 46.

[6] Vgl. Brief an Bresciani vom 8. Januar 1892, ACGB, P. Fondatore, L 2, Bd. 1, S. 213–215.

Aufstellung des Missionskreuzes — das alles gestaltete sich durch die Zahl und die Andacht der Gläubigen zum Triumph.[7]

Dank der Missionen erlebte Don Ferdinando die Rückkehr vieler Pfarrkinder zur Kirche und zu den Sakramenten. Viele sah er ihr Leben ändern, viele christlich sterben, viele auf der Suche nach einem glühenderen christlichen Leben.

Gewiß, der Same, den die Missionare auswarfen, fiel in ein Erdreich, das durch den täglichen Kontakt mit diesem Pfarrer vorbereitet war, dessen Seele in seiner einfachen und warmen täglichen Unterweisung zum Ausdruck kam. Die Missionen waren daher kein Regenguß auf ausgedörrtes Erdreich, das gleich nach der Bewässerung wieder von der Sonne versengt wurde; eher waren sie die geglückte und fruchtbare Krönung der persönlichen Sorge von Don Ferdinando und Auftakt zu einer immer besseren Jahreszeit für den Weinberg, den ihm der Herr anvertraut hatte.

Das erkannte Pater Nicolo Mauron selbst, der Generalobere der Redemptoristen, und schrieb ihm:

»Wie sehr war mir ein Trost, was ich in Ihrem verehrten Brief, in dem wunderschönen Bericht über die Mission lesen konnte, die unsere Patres von Bussolengo dort gehalten haben!

Im Berichten dieses Erfolges *evangelizavit mihi gaudium magnum*... Aber wenn unsere Patres irgendeinen Anteil an diesem Gelingen haben, dann gebührt Euren Hochwürden doch das Hauptverdienst, pflegen Sie doch seit vielen Jahren mit so rühmlichem Eifer den geistlichen Weinberg, der Ihnen vom Herrn anvertraut wurde. So kann man sagen, unsere Patres *in labores tuos introierunt*, und sie haben mit Leichtigkeit gesammelt, was Hochwürden mit langen Mühen und viel Schweiß gesät hat.[8]

Der Herr belohnte seinen Eifer mit entsprechendem Verhalten und der Treue seiner Pfarrkinder. Die deutlichsten Zeichen

---

[7] Eine genaue Rekonstruktion dieses wichtigen Aspekts im Leben der Pfarrei von Galeazza während der pastoralen Tätigkeit von Don Ferdinando findet sich in Sum. doc., S. 129–180.

[8] Vgl. Brief von Pater Mauron an Baccilieri vom 17. Februar 1886, in: N. RISI, Una gloria del clero bolognese, il sac. Ferdinando Baccilieri, parroco di Galeazza Pepoli e fondatore delle suore Mantellate, Isola del Liri 1933, S. 265–266.

dafür sind das Entstehen von Vereinigungen und religiösen Praktiken, die das Leben der Pfarrgemeinde bestimmen.

Beichte und geistliche Leitung

Die Mittel gemeinsamen Handelns waren Don Ferdinando nicht genug. Er wußte ja, daß der individuelle Dienst wirkungsvoller und nachhaltiger ist. Aus diesem Grund saß er Stunde um Stunde im Beichtstuhl, und immer suchte man ihn wegen seines weisen Rates und ermutigenden Wortes.

In diesem Dienst war er wirklich unermüdlich; seine Ausdauer im Beichthören war beständig und täglich. Auf seine weise und kluge Führung verließen sich Priester, Ordensleute beiderlei Geschlechts, Personen jeder sozialen Schicht.

Baccilieri war einer solchen Menschlichkeit fähig, daß er auch die härtesten und verstocktesten Herzen gewann. Er verstand es wirklich, dem Menschen zuerst zu geben, was er brauchte (Brot, Arbeit, Gastfreundschaft), und machte aus der geistlichen Unterweisung den notwendigen Zielpunkt eines Weges, der direkt in die Tiefe des Herzens führte. Er zeichnete sich also durch seine tiefe Menschlichkeit aus, die sich beständig und greifbar, aber nicht aufdringlich erwies. Sie zeigte sich in Großzügigkeit, Freundschaft, in der Fähigkeit zum Hören und zum Dialog, in der Aufmerksamkeit für die persönlichen Bedürfnisse eines jeden, den die Vorsehung ihm über den Weg schickte.

Die jesuitische Erziehung in Kindheit und Jugend, die durch die Schicksalsschläge und Erfahrungen des Lebens abgemildert worden war, hatten ihn nicht unfruchtbar erstarren lassen in trockenen Vorschriften der Abtötung, sondern ihn offen gemacht für jene Methodik und Beständigkeit, die ihn von sich selbst äußerst viel verlangen ließ, aber väterlich und feinfühlig das menschliche und geistliche Wachstum des anderen respektierte.

In der Leitung der Seelen — wie übrigens auch in seiner pastoralen Tätigkeit — hatte er kein vorgefaßtes »Schema«; geistliches Leben war ja etwas, das mit Gottes Hilfe aufgebaut wurde und reifte — im Zusammenwirken mit dem Menschen, den er führte.

Von den Menschen verlangte Don Ferdinando ja jenes Verhältnis, das erlaubt, sich zu erkennen zu geben und sich im Geist des Glaubens und der Fügsamkeit helfen und leiten zu lassen. Die Haltung des Glaubens läßt die Seele in dem geistlichen Führer einen Mittler und Vermittler des Willen Gottes sehen; die Fügsamkeit konkretisiert sich in der Bereitschaft zum Hören und zum Dialog;jene Bereitschaft, die die Seele zu dem Recht und zu der Pflicht führen muß, den eigenen geistlichen Weg zu gehen und dafür selbst die Verantwortung zu übernehmen.

Aber wenn der konkrete und greifbare Beweis einer geistlichen Führung, die hilft,im Geiste zu leben, die Früchte des Geistes sind, die im Leben eines Menschen[9] reifen, dann können wir sagen, Don Ferdinandos Führung war von dieser Art. Wiederholt betont er den Menschen, daß man den eigenen geistlichen Weg in Ausgeglichenheit, innerem Frieden, ohne Angst gehen soll, unter Vermeidung von Traurigkeit und Unruhe.

Das persönliche Gespräch pflegte er mit äußerster Feinfühligkeit und Sensibilität, gab Frieden und Sicherheit weiter, und seine Beichtkinder zogen aus ihrer Beichte »Erfüllung und geistlichen Nutzen«.[10]

Diese Dimension der priesterlichen Seele von Don Ferdinando zeichnet sich nicht nur in den Zeugnissen ab, sondern auch in zahlreichen Briefen. Es ist sozusagen ein glücklicher Umstand, könnten wir sagen, daß die Krankheit, die ihn um 1868 heimsuchte und fast stimmlos machte, ihn dazu führte, diese Tätigkeit brieflich auszuüben. Die Briefe zur Seelenführung, die uns erhalten sind, stellen folglich eine sehr wichtige Quelle dar, um in die innersten Schichten seiner Seele vorzudringen; hier erkennen wir die Gestalt eines Hirten und Vaters und nehmen die geistliche

---

[9] Vgl. Gal 5,22.

[10] Dies versichert Biagio Laurenti in seiner Aussage zum Informationsprozeß der Diözese: vgl. Texte 6, in: PoS. intr.: Sum., S. 35.

Lehre, seine asketischen Vorschläge und seine religiöse Auffassung wahr.

Förderung der Vereine

Eine andere wichtige Intuition Don Ferdinandos zeichnet sich in seinem pastoralen Plan ab; diese Intuition ist von der Frömmigkeit des 19. Jahrhunderts inspiriert, das so reich an geistlichen Elementen ist.

Im Gegensatz zum Jansenismus nördlich der Alpen entwickelt sich in Italien dank des zunehmenden Einflussses des heiligen Alfons Maria de Liguori eine »volksnahe«, menschlichere Frömmigkeit, die sich dem barmherzigen Christus, dem Herzen Jesu, dem eucharistischen Jesus zuwendet; weiter den Marienerscheinungen in Lourdes; einigen populären Heiligen wie dem heiligen Antonius und dem heiligen Josef. Pius IX. propagierte und förderte dies; die frommen Übungen und die Vereine waren ein wirkungsvolles Mittel, um den Gläubigen die göttliche Gnade zu vermitteln. Eifrige Priester richteten ihre gesamte Tätigkeit als Pfarrer darauf aus.[11]

Don Ferdinando war in diesem Sinn einer der fähigsten Exponenten im ländlichen Bereich der mittleren Emilia. Drei Kennzeichen waren ihm bei seinem Tun besonders wesentlich: — Kern seines pastoralen Konzepts war vor allem, seine ganze Pfarrei um Maria zu versammeln, die zu Füßen des Gekreuzigten steht, von dem unsere Erlösung ausgeht; — weiter nährte er eine tiefe Verehrung der Eucharistie, die er als Wurzel und Angelpunkt der kirchlichen Gemeinschaft ansah; — schließlich förderte er die Verehrung der Heiligen Familie als Mittel der Gesundung und Stärkung der Familie, ist sie doch Keimzelle der Kirche und der Gesellschaft.

---

[11] Vgl. R. AUBERT, Il pontificato di Pio IX (1846–1878), in: Storia della Chiesa dalle origini ai giorni nostri, 1. italien. Aufl. nach der 2. französischen, bearb. von Giacomo Martina, Turin 1964, Bd. XXI, Kap. XIV, S. 679–750.

Wie man sieht, hatte es Don Ferdinando auf alle Bereiche abgesehen, auf alle Sektoren, auf die neuralgischen Punkte seiner Gemeinde; das entsprach einer Linie, die das Leben der Pfarrei tief beeinflußte. Ohne eine einzige der ihm anvertrauten Seelen aus dem Blick zu verlieren, setzte er sich doch zum Ziel, eine Elitegruppe zu schaffen, die mit Großmut christlich lebt und wirkungsvoll Vollkommenheit anstrebt, also Beispiel, Vorbild, Mahnung und Stärkung für die anderen ist.

Bemerkenswert ist in der Tat seine Fähigkeit, die ganze Bevölkerung in einer Reihe verschiedener Institutionen zu engagieren. Im übrigen spürte er stark, daß man sich der Fülle der Gestalt Christi in unterschiedlicher Weise nähert, entsprechend dem Maß der Gaben Christi selbst; und wenn auch alle berufen sind, dem vollkommenen Bild des Gottessohnes ähnlich zu werden, so sind doch Maß und vorherrschender Aspekt dieser allen gemeinsamen Annäherung verschieden...; als Konsequenz ergab sich daraus für ihn, daß auch die christlichen Aufgaben den natürlichen und übernatürlichen Gaben eines jeden seiner Gläubigen angepaßt sein mußten.

Folglich überrascht die Vielfalt der Institutionen, die Baccilieri in dem kleinen Galeazza ins Leben rief, und spornt an; daraus ergibt sich die Vermutung, daß das üppige Leben der kleinen Gemeinschaft andere Menschen in diesem Zentrum der Wärme und des geistlichen Lichts zusammenführt.[12]

Ganze vierzehn Vereinigungen gab es in Galeazza mit mehr als dreitausend Mitgliedern, die zum Teil auch aus den Nachbarpfarreien kamen. Don Ferdinando wirkte unter ihnen mit Versammlungen, Vorträgen, Betrachtungen, Messen. Die Dokumentation hierzu belegt seinen dringenden Wunsch, die Menschen zu Gott zu führen. Dazu schuf er zunächst einmal jene Atmosphäre der Heiligkeit, die von ihm ausging und sich durch ihn in seinen Gläubigen verbreitete. Außer auf den Empfang von Beichte und Eucharistie legte er besonderen Wert darauf, Ablässe zu erwerben.

---

[12] Vgl. Commemorazione von Kardinal L. LERCARO, in: Pos. intr., S. 212 f.

Nach der Welle der protestantischen Reaktion stand der Ablaß noch in hohem Ansehen, um die Gläubigen ständig in der Bereitschaft zur geistlichen Vereinigung mit Gott zu halten. Kurz, Baccilieri nutzte alle Mittel der Heiligung nicht nur für sich selbst, sondern auch für seine Gläubigen.

Die Sorge um das Heil der Seelen war ja die dauernde Sorge seines priesterlichen Geistes; deswegen verschmähte er kein Mittel, keine pastorale Initiative, wenn es nur darum ging, so viele Menschen wie möglich zu erreichen.

Solidarität mit den Armen

»Allen ist er alles geworden, wie ein Vater inmitten seiner Kinder,« schreibt Schwester M. Bernarda Vaccari; und das nicht nur im geistlichen Bereich. Denn, wie sie weiter sagt, »fanden alle Bedürftigen, die zu ihm kamen, bei ihm immer die Hilfe schon bereit«.[13]

Es war eine schweigende, versteckte Liebe, aber sie erreichte auch diejenigen, die nicht den Mut hatten, ihre Not kundzutun, und deshalb einen Brief unter die Türschwelle des Pfarrhauses legten, damit der Pfarrer ihn beim Öffnen fände. Seine materielle Hilfe zeigte sich in kleinen Gesten, die kostbar und notwendig waren, aber nicht sensationell, und die er selbst zu verbergen versuchte. Hervorstechend war in ihm ja der Sinn für Gerechtigkeit, den er anderen gegenüber praktizierte und den er für die anderen vertrat. Deswegen stand er immer entschieden auf der Seite der sozial niedrigsten Schichten, deshalb machte er sich die Sache der Tagelöhner und Bauern zu eigen und verteidigte sie; waren sie doch von Steuern überschuldet und gezwungen, in unmenschlichen und dürftigen Verhältnissen zu leben.

Das waren damals schwierige Jahre für den Klerus von Bologna, als die Köpfe »gefangengenommen« und einige »gegen Kaution auf freiem Fuß« waren. Auf Kompromisse ließ sich Bacci-

---

[13] Vgl. Note di sr. Bernardina Vaccari…, in: Sum. doc., S. 834–837.

lieri nie ein. Auch wenn er entschieden auf der Seite des unnachgiebigen Klerus stand, blieb er doch immer in in jener klugen Haltung, die es auf bürgerlicher Ebene nie zum Bruch kommen ließ. Zwar stand er auf der Liste des Klerus, der zu Hausarrest verpflichtet war, doch wurde er de facto von den zivilen Stellen nie belästigt und erst recht bei seinen Reisen nicht behindert. Es stimmt, daß er die politische Situation, die zum Umsturz der zeitlichen Gewalt führte, wiederholt als »Revolution« bezeichnete, und ganz gewiß zeigte er kein Vertrauen in die neue italienische Regierung, als er aus Rom schreibt, daß die »Schwatzbude« (das Parlament) geschlossen ist. Doch im täglichen Leben nahm er nie avantgardistische Positionen ein. Sein Wirken war eher indirekt; er nahm Einfluß auf die Menschen, damit sie die Strukturen änderten. Er war der Mann des Rates und des Dialogs; der Mann, der einen Weg weisen konnte, auch wenn das Dunkel dichter wurde; der Mann des Friedens, der Mann der Eintracht.[14]

---

[14] Grossi sagt in seiner Begräbnisrede: »Ihm öffneten sich die Geheimnisse der Seele, und manchmal waren in der Seele tiefste Finsternisse. Der unvermeidliche Abscheu vor den Machthabern ermüdete den Geist, manchmal schienen eine übermäßige Willfährigkeit die Folge einer schmählichen Schwäche des Geistes, ein anderes Mal schien eine übermäßige Strenge, die sich in harten Worten und strengem Antlitz äußerte, wenig der Milde des Evangeliums zu entsprechen: er sprach, aber er gab keine gedrechselten Antworten, sondern sagte einfache Worte, aber solcherart, daß sie Lichtstrahlen warfen: der zu gehende Weg lag zweifellos da. Und so klar wie sich der Weg zeichnete, so entschieden war immer die Ausdauer, ihn zu gehen! Wie oft warfen Feindseligkeit, Doppelzüngigkeit, Verdächtigungen, Böswilligkeit von irgendwem in Niedergeschlagenheit! ... Aber er wußte dennoch Worte des Friedens zu finden!... O, ist der, der dem Herzen Frieden schenkt, nicht noch mehr wert als der, der dem Leib Brot gibt?«; vgl. GROSSI a.a.O., S. 21–22.

V. SEIN KREUZ

Aufgrund von Don Ferdinandos eher zarten Gesundheit war sein ganzes Leben gezeichnet durch körperliche Leiden, zu denen moralische und innere noch hinzukamen. Man denke nur an den Verzicht, den ihm die Gesundheit in den Jahren seiner Ausbildung bei den Jesuiten und im Seminar auferlegte, und an die Grenzen, die ihm in der Ausübung seiner pastoralen Tätigkeit gesetzt waren; so kann man zweifellos behaupten, daß auch für Baccilieri sein Anteil am Kalvarienberg nicht fehlte.

War die Situation schon immer schwierig, so wurde sie doch 1867 noch komplizierter, als eine »zähe Krankheit auf der Brust«[1] seinen Magen so schwächte, daß er fast völlig die Stimme verlor. Die enorme Last, die er mit dem Dienst des Wortes und mehr noch mit dem Beichthören zum Heil der Seelen auf sich genommen hatte, erschütterte bald seine bereits schwächliche Natur. Der immer bereite Geist begann die entnervenden Mühen der Pfarrei zu spüren.

Der Verlust der Stimme

Es gibt keine offiziellen diagnostischen Erklärungen zu der Krankheit, die Baccilieri verschiedene Jahre plagte und quälte; die Beschreibung der Symptome selbst, wie sie aus einigen Briefen

[1] Vgl. Fragebogen für den Pastoralbesuch von Kardinal Morichini, ACAB, Bd. 53 B, fasc. 5.

hervorgeht, enthält nicht genügend Elemente zu klaren Aussagen. Aber es war nicht der schlechte Gesundheitszustand, der ihm Sorgen bereitete; sein Kreuz war eher, nicht in der Lage zu sein, sich mit der gewohnten Intensität für seine Leute einzusetzen, das heißt erzwungenermaßen seinen pastoralen Dienst reduzieren zu müssen; dieses Leiden wurde auf moralischer Ebene noch verstärkt durch das Unverständnis der Familienangehörigen, die dahin tendierten, seinen Gesundheitszustand für »Einbildung« und »Empfindlichkeit« zu halten.

Aber rekonstruieren wir die Fakten aus den Zeugnissen, die im Tagebuch des Konvents verzeichnet sind.[2]

Es war am Morgen des 13. November 1867. Als Don Ferdinando nach der Meßfeier in die Sakristei zurückkehrt, fühlt er sich übel und muß sich hinlegen. Sofort wird der Arzt, Dr. Lamborghini aus Papalta, herbeigerufen, der ihm das Entsprechende verschreibt. Als er sich wieder ein wenig gefangen hat, entschließt er sich, in Finale den bekannten Arzt Vincenzi zu konsultieren. Es geht ihm jedoch so schlecht, daß er zwanzig Tage weder die Messe feiern noch länger sprechen kann.

Da sich die Situation in die Länge zieht, begibt er sich auf Einladung von befreundeten Redemptoristen nach Rom, um dort qualifizierte Ärzte aufzusuchen. Von dort schreibt er am 23. Dezember den Schwestern Busi:

»Meine Krankheit ist Mangel oder Armut oder Fehlen an Blut für einen normalen Gesundheitszustand. Aufgrund dieser Blutarmut entstehen diese nervösen Zustände, die mich übel zugerichtet haben: meine Krankheit ist also nicht Einbildung, sondern eine wirkliche Krankheit.«

Und im folgenden präzisiert er:

»Dr. Vincenzi hat dieses Mal wirklich unrecht, wie er meine Krankheit gesehen hat, und dabei war es eine andere; unter uns gesagt. Er sagte, daß es nichts sei, dagegen hat der Arzt hier in

[2] Die folgenden Notizen sind den Bänden 1 und 2 des Klostertagebuchs von Galeazza entnommen, einer genauen Quelle voller Details: vgl. ACGB, Cronaca, cart. C, unter dem Datum.

Rom gesagt, daß ich die Krankheit habe und daß sie behandelt werden muß, daß dies keinen Aufschub mehr duldet; und wenn ich noch gewartet hätte, wer weiß, was geschehen wäre.«[3]

In einem anderen Brief vom 21. Januar 1868 fügt er hinzu:

»Ich werde leiden aus Liebe zu Gott, dessen Leiden unendlich größer waren, und er hat aus Liebe zu mir gelitten.«[4]

Anfang März kehrt er nach Galeazza zurück, aber da sich die Situation nicht bessert, muß er am 29. desselben Monats einen Spezialisten in Turin aufsuchen, den Abt Soleri; dieser verschreibt ihm eine homöopathische Behandlung. Das ist die erste von etlichen Reisen nach Turin in diesem Jahr 1868, in dem er manchmal Monate lang kein einziges Wort laut herausbringt.

Die Behandlung Soleris brachte ihm jedoch eine gewisse Erleichterung, so daß es ihm Ende November des Jahres möglich war, »auch laut zu sprechen«.

Aber im Februar 1871, nach vierzehn Monaten, in denen es ihm halbwegs gut ging, verschlimmert sich seine Krankheit mit der zugehörigen Stimmlosigkeit wieder beträchtlich. Zum fünften Mal macht sich Don Ferdinando, begleitet von Luigi Busi, auf den Weg nach Turin. Anfang März geht es ihm besser, und er kehrt zufrieden nach Galeazza zurück.

Am 3. März 1871 beschließt er, sich zum Entspannen ein wenig mit Busi auf das Landgut von Campodoso zu begeben. Auf dem Rückweg aber — und genau vor der Kirche von Reno Finalese — fährt die Kutsche gegen einen Stein und kippt um.

Don Ferdinando stürzt; Luigi Busi fällt auf ihn und bricht ihm eine Rippe. Baccilieri wurde vom dortigen Pfarrer, Don Coppi, im Pfarrhaus aufgenommen und »wirklich wie ein Bruder behandelt«. Ein Eingriff wurde nötig, den der Schwager, Doktor Vincenzi, sofort durchführte. Danach folgte eine lange erzwungene Periode des Stilliegens. Erst zwei Monate später kann Don

---

[3] Vgl. Brief an die Schwestern Busi vom 23. Dezember 1867, ACGB, P. Fondatore, L 2, Bd. 2, unter dem Datum.

[4] Ebendort, unter dem Datum.

Ferdinando nach Galeazza zurück, und um wieder in der Kirche zelebrieren zu können, muß er noch bis zum Fest der Schmerzhaften Mutter warten, bis zum 15. September 1871.

Dies ist genau die Zeit, in der, wie schon erwähnt, die Restaurierungsarbeiten der Kirche auf Hochtouren laufen. Mit Hilfe von befreundeten Handwerkern kommt er allen Verpflichtungen nach. Als es darum geht, in Abwandlung des Projekts den Bau auf der Fassadenseite zu verlängern, setzt er im gegebenen Moment einen lange gehegten Wunsch in die Tat um: auf der rechten Frontseite auf der Höhe der ersten Etage des Pfarrhauses einen kleinen Raum herauszuschlagen, der als Privatkapelle eingerichtet werden kann. Ab Juni 1871 kann er so die Eucharistie in der eigenen Wohnung aufbewahren, direkt neben seinem Arbeitszimmer; dort kann er auch die Messe feiern, wenn er Schwierigkeiten wegen der Stimme hat oder sich nicht rühren kann. Durch eine Luke hat er auch die Möglichkeit, die Gottesdienste in der Kirche mitzuverfolgen. Dabei sieht er von oben vor allem das Bild der Addolerata, der Schmerzhaften Mutter, im Zentrum der ihr geweihten Kapelle.

Das wird sein Trost; wenn er wegen der häufigen Magenbeschwerden oft die Feier der Messe und die Lesung des Breviers unterlassen muß, treten an die Stelle des gesprochenen Gebetes lange Stunden der tiefen Betrachtung vor dem Tabernakel, der liebevollen Versenkung in die Passion Jesu, dem er sich verbunden fühlt im Leiden, das er aus Liebe zu Gott und den Menschen annimmt. Er steht am Fuß des Kreuzes wie Maria, um daraus Kraft zu schöpfen und auf die leidende Menschheit den Segen des Friedens und der Tröstung herabzuflehen.

Sich dem Willen Gottes zu überlassen und voll und uneingeschränkt die Grenzen anzunehmen, die die Gesundheit seinem apostolischen Eifer setzte, das wird das Unterscheidungskennzeichen dieser Jahre sein, in denen Don Ferdinando immer mehr dem Gekreuzigten und seiner Mutter unter dem Kreuz ähnlich wird. Und in all dem zeigt er sich von ungebrochener Stärke.

»Er hatte ein Magenleiden,« schreibt Schwester M. Bernardina Vaccari, »und hatte Mühe zu sprechen, aber mit seiner Tugend verstand er dies so gut zu verbergen, daß die Leute die Gelegenheit wahrnahmen, ihn auch stundenlang reden zu lassen.«[5]

Die Zeugen sind sich darin einig, seine große Geduld hervorzuheben, seine außergewöhnliche Fähigkeit zur Selbstbeherrschung. Sein »guter«, »sanfter und ruhiger« Charakter, zu dem noch eine unerschütterliche Geduld kam, war in Wirklichkeit Frucht beständiger Siege über sein von Natur aus feuriges Temperament. Malavolti, der »das Glück hatte, sein Vertrauen zu genießen und ihn in oft und verschiedenen Situationen zu erleben«, zögert nicht, ihn folgendermaßen zu beschreiben:

»ein Charakter, der in jedem Umstand gleichbleibend ist, sehr liebenswürdig, sanft, barmherzig, von einer heiligen Heiterkeit, edler Gesinnung und äußerst feinfühlig, voll Aufmerksamkeit für die anderen, oft zu seinem Nachteil und zu seinem Unbehagen.«[6]

Verschiedentlich äußerte er seinen Willen, auf die Pfarrei zu verzichten: so ausdrücklich Kardinal Morichini 1873 gegenüber, der ihm auferlegte, sie »in der Tugend des heiligen Gehorsams« zu behalten[7]; die Lobreden der nachfolgenden Bischöfe zeigen deutlich, daß die Vorgesetzten nicht die geringste Absicht hatten, ihn aus gesundheitlichen Gründen zu versetzen.

»In allen Pfarreien unserer Diözese, die wir besuchen, möchten wir eine Herde und einen Hirten finden, der sie so zu führen weiß, wie in dieser Kirche«[8],

schreibt Kardinal Parocchi 1880; dieses Urteil wird aufgenommen von seinem Nachfolger, Kardinal Battaglini, der in den Rechnungsbüchern der Pfarrei folgende Mitteilung einträgt:

»Es freut uns in der Seele, dem Hochwürdigen Herrn Rektor unsere Dankbarkeit auszusprechen für das Gute, das er in tausend Weisen für seine Pfarrgemeinde wirkt, und indem wir ihm Gottes

---

[5] Vgl. Note di sr. Bernardina Vaccari…, in: Sum. doc., S. 834–837.

[6] Vgl. MALAVOLTI, a.a.O., S. 39.

[7] Vgl. Tagebuch des Konvents, ACGB, Cronaca, cart. C, Bd. 2, 14. Mai 1873.

[8] Vgl. Ansprache von Kardinal Parochi, ACAB, Sacra visita pastorale dell'e.mo cardinal Parocchi, Vd. 29 B, fasc. 5.

reichen Segen wünschen, erteilen wir ihm mit väterlicher Zuneigung unseren apostolischen Segen.«[9]

Seine Gegenwart allein war schon Garantie der Kontinuität, da sein priesterlicher Eifer und seine Fähigkeit zur Gemeinschaft in Galeazza qualifizierte Mitarbeiter zusammenführten, die Sicherheit gaben.

Indessen war Don Ferdinandos ganzes Leben von den Höhen und Tiefen der Gesundheit gezeichnet, die ihn immer mehr in der harten Wirklichkeit der menschlichen Begrenztheit verwurzeln und ihm Tag für Tag einen besonderen, fast der Sonne entsprechenden Rhythmus auferlegen. So steht er sehr früh auf, »einerseits, um bald etwas zu sich zu nehmen, andererseits, weil er drei Stunden nach Mitternacht nicht mehr schlafen konnte«[10]; früh zelebrierte er die Messe, fast immer in seiner Privatkapelle oder in der des Klosters. Eine gewisse jährliche Zeit des Ausruhens und der Entspannung wurde ihm von den Ärzten wie von den Freunden verordnet, damit er nicht ganz unterging; deswegen begab er sich wiederholt an den Garda-See, nach Pesina oder Bussolengo zu den Redemptoristen und nach Rom: immer mit dem Ziel, »mehr Kräfte für die Arbeit im Weinberg des Herrn zu haben, besonders fürs Beichthören«[11].

Das übliche Leiden verstärkte sich immer noch im Winter, wenn Grippe und Bronchitis ihn nicht in Ruhe ließen. Das Tagebuch des Klosters läßt uns in einer Reihe von einfachen Momentaufnahmen auch unter diesem Aspekt das ganze menschliche Geschick von Don Ferdinando rekonstruieren.

Zu den körperlichen Beschwerden gesellten sich dann die geistigen hinzu. Schwester M. Teresa Cozzi schrieb er am 30. Juni 1887:

»Erinnern Sie sich auch, daß im Evangelium geschrieben steht *'Do ut des'*, das heißt ich gebe, um zu empfangen. Wenn ich

---

[9] Vgl. Diario visite pastorali del card. Battaglini, ACAB, Bd. 101, S. 46.

[10] Vgl. Brief von Schwester M. Teresa Cozzi an Pater Pagliai vom 15. Juli 1893, AGOSM, cart. Serve di Maria di Galeazza, unter dem Datum.

[11] Vgl. Brief von Don Ferdinando an Pater Pagliai, s.d., aber von 1890, ebendort, cart. Pagliai.

dir vor Gott helfe, wirst du mir dasselbe tun, der ich bedürftiger bin als du, besonders jetzt, wo es Gott gefällt, mich mit Abtötungen zu prüfen, unter deren Last ich mit der Hilfe des Herrn und von Maria unter dem Kreuz nicht aufhöre zu wiederholen: 'Herr, nicht mein, sondern dein Wille geschehe!' Aber was für ein Leiden unter den moralischen und den körperlichen Kreuzen! Diese sind jenen gegenüber keinen Pfifferling wert. Mit einem 'Gelobt sei Jesus Christus' und einem Händereiben nehmen die körperlichen Leiden augenblicklich ab: ich spreche von Übeln nervöser Herkunft, nicht wahr, von denen du und ich ein schönes Bündel auf dem Rücken tragen, Gott sei Dank. Und nun? Wollen wir vielleicht, du und ich, auf der faulen Haut liegen, während der gute Jesus am Kreuz mit dem Tode ringt? Es ist jedenfalls eine besondere Gnade, die uns der Herr schenkt, indem er den Leib züchtigt, um ihn zu demütigen, und uns so, auch unter diesem Aspekt, ihm ähnlich macht.«[12]

---

[12] Vgl. Brief an Schwester M. Teresa Cozzi vom 30. Juni 1887, ACGB, P. Fondatore, L 2, Bd. 2, S. 196.

VI. EINE PERSÖNLICHKEIT MIT EINEM WEITEN HERZEN

Auf die Vielzahl und Vielfalt der menschlichen, religiösen und pastoralen Kontakte, die Don Ferdinando während seines Lebens zu pflegen wußte, obwohl er doch viele Jahre an eine kleine Landgemeinde wie Galeazza gebunden blieb, wurde bereits hingewiesen.

Auch überrascht der Einfluß, den sein Wirken auf viele andere Pfarreien in der Umgebung ausübte; ebenso seine einzigartige Fähigkeit zur Freundschaft mit Menschen jedes sozialen Umfelds. Hinzu kommt noch seine ausgezeichnete Gastfreundschaft und Herzlichkeit; erstaunlich sind auch seine häufigen Reisen, die er ohne Rücksicht auf die politisch unsichere Lage in der zweiten Jahrhunderthälfte und auf die damaligen Verkehrsverhältnisse unternahm. Diese Aspekte zeigen uns den konkreten Menschen Ferdinando und geben uns ein wirklichkeitsgetreueres Bild seiner Persönlichkeit und Vielseitigkeit.

Seine Offenheit für die Pfarreien der Umgebung

Der Franziskanerpater Arcangelo Frabetti bescheinigt 1879, daß Galeazza »für das Übermaß an Liebe von Don Ferdinando zu klein« sei. Sein Wirken richtete sich daher spontan auch auf die Nachbarpfarreien. Das bezeugen die Einschreibelisten der verschiedenen Vereinigungen, wie auch der Besuch seiner Kirche, die, wie Kardinal Lucido M. Parocchi mit Recht hervorhebt, »ein richtiger und vielbesuchter Wallfahrtsort« geworden war.

Hier kamen wirklich Menschen zusammen, die ein intensiveres geistliches und religiöses Leben suchten, — davon wird bei der Gründung der Schwesterngemeinschaft noch die Rede sein —, und er bot ihnen seine Fähigkeit an, den Willen Gottes zu erkennen. Hier suchten Menschen, die vom Unglück niedergedrückt waren, Erleichterung, in Don Ferdinando fanden sie den liebevollen Vater, der sie anhörte, mit ihnen litt, sie lehrte mit jener Liebe, die er spontan auf den göttlichen Erlöser zurücklenkte.

Galeazza lag im Grenzgebiet und war folglich oft Treffpunkt von Menschen, die in irgendwelche kriminellen Affären verwickelt waren. Die Güte und Freundlichkeit von Don Ferdinando wandte auch in diesen Grenzsituationen die Dinge zum Besseren.

Dazu schreibt er 1886,nach der Mission in Galeazza durch die Redemptoristen, an Pater Nicola Mauron, ihren Generaloberen:

»Ihnen zu sagen, wieviel Gutes gewirkt und erhalten wurde, wäre ich nicht in der Lage; soviel man mir auch sagte, ich könnte nie die Wahrheit sagen, allein weil mir die Worte dafür fehlen. Ich kann Ihnen aber versichern, daß meine Pfarrkinder, ohne Ausnahme, die Gnade des Herrn genutzt haben. Nicht genug. Auch die Pfarrkinder der angrenzenden sechs Gemeinden kamen in außergewöhnlich hoher Zahl zur Mission.... Wie wunderschön daher, daß die Beichtstühle fast immer von Beichenden besucht waren, meist von Männern; und daß während der Mission mehr als dreitausend Personen zur Eucharistie gingen, nicht wahr? Dazu müssen Sie bedenken, lieber Pater, daß meine Pfarrei kaum neunhundert Seelen zählt. Unter den Bekehrungen waren nicht wenige große Fische, die zu zwei Nachbargemeinden gehören und die meiste Zeit ihres Lebens im Kerker oder auf der Galeere verbracht haben. Zwei, die kürzlich zurückkamen, haben auf der Galeere fünfundzwanzig Jahre zur Strafe verbracht! Ausgerechnet diese habe ich, obwohl sie an Mord und Totschlag gewöhnt sind, weinen sehen, als ihnen der Leib des Herrn gereicht wurde.«[1]

---

[1] Vgl. Brief an Pater Mauron, ACSR, XLIII 9f.

Diese Wachsamkeit über die Grenzen der eigenen kleinen Pfarrei hinaus war eine Konstante in den Bestrebungen von Don Ferdinando, der bei seiner Sorge um die Seelen sich nicht um juridische Grenzen kümmerte. »Alle sind von Christus erlöst,« pflegte er zu sagen, »und das ist mir genug.« Und wenn die »Nachbarn sich bekehren«, dachte er, »dann bleiben auch die Pfarrkinder von Galeazza leichter bei der Stange«[2].

Dieser pastorale Eifer von Don Ferdinando findet Ausdruck in einem Brief, den er dem stellvertretenden Generalvikar von Bologna aus Anlaß der Mission von 1892 schreibt. Unter Bezugnahme auf die Dauer der Mission unterstreicht er, daß er sie nicht vorziehen kann, »da dies von den Bedürfnissen der Leute abhängt« und da er erwartet, daß sehr viele Menschen aus den sechs Pfarreien die Gelegenheit nutzen werden, um sich mit Gott zu versöhnen, wie es bei früheren Missionen geschehen war. Und um seiner Bitte Nachdruck zu verleihen, fügt er hinzu:

»Andererseits ist dies mein Wunsch: daß sich das Gute durchsetzt und bei der Abreise der Missionare alle zufrieden sind.«[3]

Sein Wirken dehnte sich also auf die Bologneser Pfarrgemeinden von Renazzo, Bevilacqua, Palata, Alberone und das zu Modena gehörige Reno Finalese aus und, weil dies unmittelbar an Palazzina stieß, auch auf Caselle und Cadecoppi.

Don Ferdinando imponierte also durch die Wirkung und Weite seines seelsorglichen Dienstes. Das bemerkte übrigens seit 1855 auch der Bischof von Modena, Francesco Emilio Cugini, und versuchte ihn zur Erzprätur von Finale zu versetzen, die nach dem Tod des Erzpriesters Torelli vakant war; um außerdem den jungen Baccilieri seiner Heimatdiözese zurückzugeben. Befreundete Priester und Autoritäten der Diözese sahen in ihm jemanden, der fähig war, die von vielen Parteiungen zerrissene Stadtgemeinde mit

---

[2] Vgl. Brief an Bresciani vom 8. Januar 1892, ACGB, P. Fondatore, L 2, Bd. 1, S. 213–215.

[3] Vgl. Brief an Mons. Nicola Zoccoli vom 10. Dezember 1891, ACGB, ebd.,Bd. 1, S. 25–26.

über 8000 Seelen, darunter vielen Armen, zu leiten. In ihm erkannten sie große Frömmigkeit, Zurückhaltung und Unermüdlichkeit in der Arbeit für die anvertrauten Seelen. Die Unternehmungen in diese Richtung schlugen jedoch fehl, denn der junge Rektor von Galeazza, der gerne »nesciri et pro nihilo reputari«(unbekannt und für nichts erachtet) sein wollte, teilte nach viel Gebet und reiflicher Überlegung seine »abgewogene, gewissenhafte und aufrichtige« Entscheidung mit, ein »armer Landpfarrer zu bleiben…, der gewohnt ist, mit einfachen Leuten umzugehen«[4]. Das sind die genauen Worte, die er mehrfach seinem Freund Don Ettore Malavolti wiederholte.

Die uneingeschränkte Wertschätzung Baccilieris bei seinen Vorgesetzten fand dann eine weitere Bestätigung in dem Versuch, ihn zum Bischof zu machen. Dieser ging wahrscheinlich auf Kardinal Parocchi zurück. Die Ereignisse, von denen hier die Rede ist, trugen sich 1884 zu, dem Jahr, da Don Ferdinando unerwartet nach Rom gerufen wird. Am 31. Dezember 1884 teilt er Pater Ernesto Bresciani mit, daß ein »Briefwechsel mit Rom« ihm solche Sorgen und Mühen bereitet habe, daß er »nicht einmal mehr Zeit und Lust hatte, den Freunden zu schreiben«; was die Gründe angeht, so präzisiert er, daß er, »auch wenn er einen Knebel im Mund« habe, die Angelegenheit doch ohne Schwierigkeit »allein den Ohren des Freundes« anvertrauen würde. Das geschah jedoch nie; auch wollte Bresciani in der Folge »seine Demut nicht mit unangebrachten Zudringlichkeiten quälen«.[5]

Trotz der hohen Meinung, die man von ihm hatte, so daß man ihn für größere Aufgaben geeignet hielt, blieb er deshalb doch immer »Gott sei Dank derselbe Dorfpastor von vorher, der fest in Galeazza saß«.[6]

---

[4] Vgl. Malavolti, a.a.O., S. 27–29.

[5] Die beiden Ereignisse werden genau rekonstruiert in Sum. doc., S. 369–388.

[6] Vgl. Brief an Bresciani vom 31. Dezember 1884, ACGB, P. Fondatore, L2, Bd. 1, S. 112–114.

Seine Freundschaften

Für jemanden, der einen Menschen von innen kennenlernen will, sind Briefe eine der interessantesten Quellen. Hier bietet uns die Korrespondenz nicht nur biographische Einzelheiten ihres Verfassers, menschliche Berichte und historische Situationen, die er durchlebt hat, sondern sie erlaubt uns auch, in seine theologische, von der Weisheit geprägte Schau des Lebens einzudringen und in dem Wandel von Bewertungen und Verhalten seine inneren Fortschritte festzustellen.

So können wir bestätigen, daß bei Baccilieri die Briefe in gewissem Maß das fehlende geistliche Tagebuch ersetzen. Außerdem erkennt man gerade an den Briefen mit ihrer Sprache, die nicht nach der Schrift geht, voll Dialekt und Humorismus ist, wieviel Humor in diesem Mann steckte. Mehr als in den allzu kargen Dokumenten, in den allzu konventionellen Darlegungen erfährt man in den Briefen den echten Baccilieri, den Sanguiniker, den jovialen, witzigen und originellen Ferdinando. Sie geben den richtigen Eindruck von ihm wieder, wenn er, abseits der strengen Selbstkontrolle, im Angesicht von Bergen und Meer seinen vitalen Schwung, seinen missionarischen Instinkt und seine Kreativität auslassen kann.

Baccilieris reiches Menschsein zeigt sich wirklich in vielfältiger Weise: er ist der Mann des Herzens, der Mann aus dem Volk, der Mensch der Kultur, der Mann der Kirche, aber vor allem ist er der Freund und Vater. Die zahlreichen menschlichen und geistlichen Beziehungen, die er während seines Lebens herzustellen wußte und die sich in seinem Briefwechsel so gut abzeichnen, sind dafür das beredteste Zeugnis.

In einer zerrissenen Epoche der Geschichte, in einer für einen Kirchenmann besonders unsicheren Situation, was bürgerliche Sicherheit angeht, dazu noch von geringer Gesundheit und — wie schon erwähnt — auf den Listen der Priester eingetragen, die unter Hausarrest stehen, schränkte Don Ferdinando seine Beweglichkeit dennoch nicht ein. Eine Karte seiner Ortsveränderungen wäre daher äußerst interessant, um seine Reisen und die wirklichen Ausmaße der Tätigkeit von Don Ferdinando rekonstruieren zu können.

Es gab verschiedenste Gründe, die Baccilieri dazu brachten, die italienische Halbinsel mit einer erstaunlichen Häufigkeit kreuz und quer zu durchmessen (seine Reisen dehnten sich nie auf das Ausland aus). Wir finden ihn in Rom zu Besuch bei befreundeten Jesuiten, Redemptoristen und Serviten; in Neapel und Scifelli bei den Redemptoristen; in Livorno zu Thermalkuren; wiederholt in Turin bei Abt Soleri aus gesundheitlichen Gründen; in Trient, Venedig und Vicenza auf der Suche nach jungen Leuten mit der Berufung zu seinem entstehenden Werk; in Bussolenga am Gardasee bei Freund Bresciani zum Ausruhen und zur Stärkung seiner Gesundheit; in Ferrara bei Schwester Francesca Saveria und als geistlicher Führer einiger Schwestern dieser Komunität; in Bologna und Modena für die verschiedensten Angelegenheiten, die mit seinem Dienst in der Pfarrei und mit der erzieherischen Tätigkeit seiner Gemeinschaft zusammenhängen.

Beim Durchsehen der mehr als sechshundert Briefe, die den Briefwechsel Baccilieris ausmachen, bemerkt man, daß der Wert der Freundschaft, den Baccilieri so stark empfand, hier wohl am sichtbarsten wird; sogar die Briefkontakte offizieller Art enthüllen eine tiefe Gemeinschaft des Geistes mit dem Empfänger des Schreibens. Wir beziehen uns hier insbesondere auf die Briefe an die befreundeten Serviten Testa und Pagliai, an den Redemptoristen Bresciani, an die Schwestern von Galeazza. Aus ihnen erfahren wir deutlich, welch starkes Bedürfnis nach Mitteilung der Freundschaft Don Ferdinandos zugrundeliegt. Deswegen gibt er so viele autobiographische Hinweise, historische Anmerkungen religiöser wie auch politischer oder sozialer Art.

Die Briefe an die Servitenpatres sind mehr als hundert und stammen aus den Jahren von 1878–1893. Sie sind an die Generalprioren Pier Francesco M. Testa und Andrea M. Corrado und an den Sekretär Giovanni Angelo M. Pagliai gerichtet.[7] Sie erlauben,

---

[7] Testa, Corrado und Pagliai sind die Servitenpatres, die Don Ferdinando am nächsten stehen. Pier Francesco M. Testa, eine wichtige Gestalt innerhalb des

Ferdinando Maria Baccilieri, Foto G. Simonetti, Rom 1866.

Galeazza: Innenansicht d
Pfarrkirche.

Statue der Schmerzhafte
Mutter, die 1852 von Do
Ferdinando aufgestellt wurd
und noch heute in der Pfa
kirche von Galeazza vereh
wird.

Ferdinando Maria Baccilieri,
Foto L. Lusa, Cento (FE).

Schülerinnen der Schule und des Internates von Galeazza, zusammen mit Don Ferdinando, Madre Luigia Busi und anderen Unterrichtsschwestern, Galeazza 1888.

Grabstätte Don Ferdinandos, wo seit 1959 seine sterblichen Überreste aufbewahrt werden. Sie befindet sich in einer Seitenkapelle der Pfarrkirche von Galeazza.

Mutterhaus der Servitinnen von Galeazza und Geistliches Zentrum »Ferdinando Maria Baccilieri«.

Schritt für Schritt die Anziehungskraft zu rekonstruieren, die die Laiengemeinschaft des Ordens auf Baccilieri ausübte, vor allem wegen der Gemeinsamkeit der Interessen und der marianischen Aspekte, die die servitische Tradition ihm bot, auf der Ebene der Verehrung wie auch im Dienst an den Armen, Bedürftigen und Verlassenen. Damit nicht genug, zeigen sie uns auch die Gestalt Baccilieris als Tertiar und Konrektor des Dritten Ordens, wie er 1855 in Galeazza eingerichtet wurde. Hier erhalten wir ein Bild der juridischen Zusammenhänge zwischen der Neugründung und dem Orden, das gleichzeitig die enge Freundschaft mit diesen Patres bezeugt. Oft getränkt von einem köstlichen und zurückhaltenden Humor, bestrebt, die Lasten und Ängste der Freunde zu erleichtern, zeigen diese Briefe den aufrichtigen Geist ihres Verfassers und sein intensives Interesse am Orden.

Die etwa sechzig Briefe, die an Monsignore Antonio Amadei adressiert sind, den Landvikar des Plebanates von Cento, haben mit der Verwaltung zu tun und enthüllen dennoch eine Freundschaft und tiefe geistige Übereinstimmung; gleichzeitig zeigt sich hier auch ein lebendig empfundener Respekt für seinen ersten und direkten Vorgesetzten. Diese Briefe erhalten besondere Bedeutung, weil sie ein wenig Licht auf charakteristische Aspekte der Zeit werfen: Amadei gehörte zu den inhaftierten, deportierten und eingekerkerten Priestern, weil er als Gegner des neuen Kurses im Gefolge des Crispi-Gesetzes (oder »Gesetzes gegen die Verdächtigen«) galt.

Nicht weniger aufschlußreich sind die Briefe an den Cousin Don Cesare Marchetti, der in Galeazza seine erste pastorale Probezeit machte. Sie bezeugen, außer der großen Fähigkeit zur Zusammenarbeit, auch die Fähigkeit Baccilieris, als echter Freund

---

Ordens, war von 1882–1888 Generalprior; Andrea M. Corrado bekleidete dieses Amt von 1889–1895; Giovanni Angelo M. Pagliai war bis 1890 Sekretär des Ordens; in jenem Jahr wurde er Provinzialoberer der römischen Provinz; 1895 wurde er General und hatte damit eine höchst bedeutende Aufgabe in der Leitung der Kongregation beim Tod des Gründers. Für weitere biographische Hinweise: G. Roschini, Galleria servitana. Mille religiosi dell'Ordine dei Servi di Maria illustri per santità, scienze, lettere ed arti. Rom 1976, 2 Bde.,

den Reichtum des eigenen Priestertums mit dem zu teilen, der erst die ersten Schritte in diesem Dienst machen mußte.

Dem Freund Pater Ernesto Bresciani gegenüber[8] öffnet Don Ferdinando sein Herz jedoch ganz; ihm teilt er auch seine geheimsten Sorgen mit. Hier spricht der Freund zum Freund. Über diese Briefe schrieb Risi:

»Mit einer spontanen, familiären Form, die oft graziös verschnörkelt wird, gelingt es ihm, die Seele des Freundes in eine so enge Beziehung zu der seinen zu bringen, daß er ihm nicht nur die wichtigsten Ereignisse weitergibt, sondern ihn auch mit der ihm eigenen klaren und tiefen Spiritualität bewegt und aufbaut.«[9]

Diese Urteil wird von der handschriftlichen Notiz Brescianis auf dem letzten Brief bestätigt, den er von Baccilieri erhielt: »N.B. Das ist der letzte Brief, den mir der Freund geschrieben hat, den ich geschätzt und geliebt habe...«[10]

Baccilieris Freundschaft zeigte sich also auf einer zweifachen Ebene, der menschlichen und der geistlichen. Er inkarnierte in seinem Leben den Mann des Herzens, den treuen Freund, wie er so gut in der Schrift dargestellt wird[11]; vor allem war er ein Mensch der Gemeinschaft, oder besser, der Mann der Einheit und der Oekumene innerhalb der Kirche selbst.

Es handelt sich nicht um eine grundlose Behauptung, vielmehr um den gelungensten Ausdruck, um jene von der Weisheit

---

8 Ernesto Bresciani, 1838 in Finale Emilia geboren, war Baccilieris Zeitgenosse und Landsmann. Nach seinem Eintritt in die Kongregation des heiligsten Erlösers, machte er 1856 die Profeß und wurde 1861 zum Priester geweiht. Er bekleidete wichtige Ämter, darunter das des Generalsekretärs, des Provinzials und Rektors von Häusern wie Bussolengo (Varese) und Cortona. Die biographischen Daten sind zusammengetragen bei G. Pagliara, Memoriale della Congregazione del Ss. Redentore per la provincia romana, Rom 1950.

9 Vgl. Risi, a.a.O., S. 324.

10 Vgl. Briefe an Bresciani, ACGB, P. Fondatore, L 2, Bd. 1, S. 229.

11 »Ein treuer Freund ist wie ein festes Zelt; wer einen solchen findet, hat einen Schatz gefunden. Für einen treuen Freund gibt es keinen Preis,nichts wiegt seinen Wert auf. Das Leben ist geborgen bei einem treuen Freund, ihn findet, wer Gott fürchtet. Wer den Herrn fürchtet, hält rechte Freundschaft, wie er selbst, so ist auch sein Freund. (Sir 6, 14–17)

geprägte Beziehung zu bezeichnen, die den anderen annimmt und wertschätzt, gleich, wer er auch sei. Dies war ein Merkmal in Don Ferdinandos Leben.

Gewohnheiten und Besonderheiten der Lokalkirchen (Diözesen Bologna, Modena und Ferrara) oder der religiösen Gemeinschaften (Serviten, Redemptoristen, Jesuiten, Franziskaner und Karmeliten) waren für ihn keine tragenden oder unbedingt notwendigen Elemente für den Glauben oder für die Religiösität seiner Leute. Eher sah er darin nützliche Elemente zur Übermittlung der offenbarten Botschaft und als solche schätzte er sie, als jene Ergänzung, die jeglichen Kontrast oder Gegensatz ausschließt. Er verstand es, in einer lebendigen Symbiose die verschiedenen religiösen Erfahrungen zu verschmelzen, allein mit der Absicht, die anvertraute Herde zu Gott zurückzuführen.

Seine Offenheit und Bereitschaft waren, um es so auszudrücken, so ansteckend, daß sein Haus sich Begegnungsstätte für Priester und Ordensleute nennen konnte; sie wechselten sich ab im Dienst bei dem gemeinsamen Vater und Freund.

Seine außergewöhnliche Gastfreundschaft und seine Fähigkeit zum Zusammenleben

Diesbezüglich lautet das bewährte Zeugnis des befreundeten Redemptoristen Bresciani:

»Bewundernswert andererseits schien mir seine so schöne und herzliche Gastlichkeit, die mehr als einer ausgenutzt hat, ohne es zu merken. Er behandelte die Gäste nicht nur großzügig, sondern gebrauchte ihnen gegenüber auch jede feinste Aufmerksamkeit... Und um so freigiebig mit den anderen zu sein, zog er sich selbst ab, was er mehr als vernünftigerweise für sich selbst hätte verwenden können, und begnügte sich mit dem unbedingt Lebensnotwendigen.«[12]

---

[12] Vgl. Pos. intr., S. 256.

Seine herzliche Gastfreundschaft galt vor allem Priestern und Ordensleuten, die, obwohl sie gewohnt waren, in Gemeinschaft zu leben, »sich dort so wohl fühlten, daß sie nicht merkten, im Haus eines Pfarrers zu sein«.[13]

Bernabei schreibt nach der Mission von 1855: »Die Liebe, die der Herr Rektor an uns übte, war von der außergewöhnlichsten Art; er ist wirklich ein Mann Gottes.«[14] Hingegen lesen wir in einem Brief von Don Ferdinando an den Kanonikus Luigi Grossi:

»Vergessen Sie nicht, mein lieber Herr Erzpriester, daß mein Haus Euer Haus ist; kommen Sie, wann immer Sie wollen, auch alle Tage, denn bei uns werden Sie immer herzlich empfangen sein.«[15]

Diese Gastfreundschaft zeigt sich auch während des Kriegs 1866 in der Aufnahme von Soldaten, die durch Galeazza ziehen, oder noch 1869, von etwa zehn Bersaglieri, die auf dem Rückzug sind: aufgrund der liebevollen Aufnahme im Pfarrhaus ziehen sie »ganz glücklich ab, ohne irgendjemandem etwas anzutun«, ganz im Gegensatz zu ihrem Verhalten in Palata, wo sie den Rektor selbst fortgeschleppt hatten.[16]

1889 schreibt Don Ferdinando folgendermaßen an Bresciani, um ihn nach Galeazza einzuladen, damit er dort ein wenig ausruht:

»Daß Ihr Besuch für mich, für die Meinen, für alle Schwestern und Zöglinge, die Sie kennen, mehr als erwünscht ist, sage ich Ihnen nicht mit Worten, sondern davon werden Sie sich vor Ort überzeugen können.

---

[13] Ebd.

[14] Vgl. Bericht über die Volksmisssion von 1855, ACSR, XXII R 6, Nr. 11.

[15] Vgl. Brief an Grossi vom 22. Januar 1886, ACGB, P. Fondatore, L 2, Bd. 1, S. 260–261.

[16] Das Tagebuch enthält unter dem Datum des 1. Oktober 1869 den Eintrag: »Zehn Bersaglieri sind auf dem Rückzug gekommen, haben im Pfarrhaus gegessen und getrunken und sind sehr zufrieden wieder abgezogen, ohne irgendjemandem Schaden zuzufügen; in Palata haben sie hingegen den Rektor weggeführt. O wie schrecklich!« Vgl. ACGB, Cronaca, cart. C, Bd. 2, unter dem Datum.

Unter den Freunden meines vollen Vertrauens haben Sie den ersten Platz inne, und deswegen möchte ich, daß Ihr Besuch nicht nur ein kurzes Erscheinen ist. Nach so vielen Anstrengungen müssen Sie unbedingt ein wenig Ruhe haben: Galeazza, insbesondere mein Haus, ist dafür wunderbar geeignet.«[17]

Solche Herzlichkeit, wie wir aus diesem bedeutsamen Zeugnis entnehmen können, das Malavolti in seine Biographie einfügt, zeigt Baccilieri bis zu seinem letzten Tag. Der Autor denkt an den unvorhergesehenen Tod des Vaters und Freundes und schreibt:

»Warum, warum nur, geliebter Vater, hast Du Dich so unvermutet Deinen Lieben und mir entzogen, den Du doch den Freund deines Herzens nanntest? Mir, der ich zwei Monate in Deiner lieben Gesellschaft verbracht habe, als Du, von schwerer Krankheit heimgesucht, wider Deinen Willen zur Untätigkeit verurteilt warst? O, ich erinnere mich gut an den 2. Juli, als Du, nur zehn Tage vor Deinem Heimflug in die ewigen Wohnungen, mich beim Abschied segnetest mit der ganzen Fülle des Geistes. Es schien, als könntest Du Dich nicht trennen von mir. Das war das letzte Ade; das war der letzte Kuß, den Du mir auf die Stirn drücktest, und Du hast mir nichts gesagt?!... War das ein schweigendes Vorgefühl Deiner baldigen Abreise in den Himmel?«[18]

---

[17] Vgl. Brief an Bresciani vom 14. März 1889, ACGB, P. Fondatore, L 2, Bd. 1, S. 156–158.

[18] Vgl. Malavolti, a.a.O. S. 42–43.

VII. EINE GLÜCKLICHE WAHL

Bei der Beschreibung der pastoralen Tätigkeit des Pfarrers von Galeazza haben wir mit Recht eine besondere Intuition von Don Ferdinando angedeutet. Er wollte, daß die pastoralen Kräfte zum Zuge kommen und sich dauerhaft einbringen konnten; dies sollte durch die Mitarbeit besonderer Laienvereinigungen von Männern und Frauen um die zentrale Gestalt des Pfarrers geschehen.

Das war eine glückliche Wahl. Die tägliche Erfahrung erhärtet dies. Viele Institutionen sind auch heute in der Kirche dazu da, die Bildung solcher bescheidenen, aber großherzigen Gruppen zu begünstigen, die dazu beitragen, in der Menge der oft schlaffen Christen das Bewußtsein für den Anspruch christlichen Lebens zu schaffen oder wenigstens den Wunsch nach einer größeren Kohärenz wachzuhalten.

Damit nicht genug. Durch diese Entscheidung wird Baccilieri fast unbewußt auch zum Gründer einer Ordensgemeinschaft. Wie so viele Mitbrüder seiner Zeit war er Pfarrer und Ordensgründer. Gedrängt von den pastoralen Notwendigkeiten von Zeit und Ort, weiß er herauszuspüren, was in den Menschen liegt, und setzt sich zum Ziel, eine adäquate und bleibende Antwort auf die kirchlichen und sozialen Bedürfnisse seiner Pfarrei zu geben.[1]

---

[1] Man denke zur Erklärung an Zefirino Agostini, den Pfarrer von S. Nazareno e Celso in Verona, Gründer der Ursulinen von Verona; oder an Giuseppe Nascimbeni, Pfarrer von Castelletto di Brenzone, Gründer der Kleinen Schwestern von der Heiligen Familie; an Giovanni Battista Rubino ad Alba, mit den Oblatinnen des heiligen Ludwig.

Gewohnt, in Einfachheit und Demut gewissenhaft seine Pflicht zu erfüllen, bestrebt, heilig zu werden und die anderen zu heiligen, sparte Don Ferdinando weder Zeit noch Kraft, um in vollem Maße dem Ruf Gottes zu entsprechen. Genau im Licht dieser Sorge, dieser Liebe und dieses Eifers ist die religiöse Familie der Dienerinnen Mariens von Galeazza, die er gründet, zu sehen.

Einige besondere Vereinigungen

Wenn man die Dokumente der Entstehung der Kongregation der Dienerinnen Mariens von Galeazza noch einmal liest, bestätigt sich darin, was die mündliche Tradition immer überliefert hat.

Auch wenn als offizielles Gründungsdatum immer der 23. Juni 1862 angegeben wurde, so stellt dieses präzise Datum, wenn man es kritisch bewertet, doch eher eine Etappe in der langsamen und komplexen Entwicklung dar, die die Vorgeschichte der Kongregation ausmacht.

Am Anfang der Kongregation von Galeazza steht, wie bei jeder anderen Gründung, eine Grundinspiration, die sich stufenweise entwickelt. Die Gründung erscheint also als natürliche Entwicklung aus dem weltlichen Dritten Orden der Serviten hin zu einer Form eigenen Ordenslebens. Aber lesen wir die Fakten in chronologischer Reihenfolge nach.

In seiner großen Liebe zu Maria errichtet Baccilieri 1852 in seiner Pfarrei von Galeazza die Bruderschaft der Schmerzhaften Mutter. Dies ist ein Moment besonderer Verehrung und Feierlichkeit; in Zusammenarbeit mit Familie Busi aus Dodici Morelli wird eine Statue der Sieben Schmerzen Mariens erworben, die der Künstler Filicori aus Cento geschnitzt hat. Sie wird feierlich in die Pfarrei getragen und dort in der eigens geschaffenen Kapelle aufgestellt. Sie wird Bezugspunkt der Frömmigkeit und Verehrung der Menschen dieser Gegend.

In diese Bruderschaft treten sehr viele ein, so daß 1857, wie der Fragebogen für den Pastoralbesuch von Kardinal Michele Viale Prelà angibt, 2.880 Mitglieder eingeschrieben sind.

Zur Errichtung dieser Bruderschaft erhielt Don Ferdinando die Erlaubnis des Generalpriors des Servitenordens und des Diözesan-Ordinariats. Dies ist sein erster offizieller Kontakt mit den Serviten; allerdings hatte er sie sicher schon in Bologna kennengelernt oder als Junge, als er mit seiner Familie in Strada Maggiore gegenüber der Marienbasilika der Serviten wohnte[2] , oder als Universitätsstudent, wo er diese Kirche, die so nah bei der Universität von Bologna liegt, besuchte. Jedenfalls ist der erste Kontakt mit dem Orden am 26.März 1852 dokumentiert, und zwar mit Pater Filippo M. Boselli[3], der damals in Bologna wohnt. Später wird Boselli als Generalprokurator des Ordens und lieber Freund von Don Ferdinando sein Mittler und Fürsprecher in Rom, wenn es um die Beziehungen zum Kloster der Servitinnen in jener Stadt bei der Vorbereitung der Gründung von Galeazza geht.

An der alten und reichen Tradition der Serviten wird sich Baccilieri später noch für andere marianische Initiativen inspirieren. In Galeazza richtet er einen lebenden Rosenkranz ein, bezeichnet als »Geistliches Konzert zu Ehren der Schmerzhaften Mutter«: jeweils ein Grüppchen von sieben Personen verpflichtet sich, täglich ein Siebtel des Schmerzhaften Rosenkranzes zu beten. Vor allem aber gründet er »mit dem Ziel, in den Familien die Verehrung der Mutter der Schmerzen und damit die christliche Frömmigkeit tief zu verankern« — wie Malavolti bestätigt —, im Jahre 1855 den Dritten Orden der Serviten[4].

---

[2] Die erste Wohnung der Familie Baccilieri in Bologna von Herbst 1823´1829 befand sich in der Strada Maggiore 222 (jetzt Nr. 62) in einem Mietshaus, das den Grafen Castelli gehörte, gegenüber dem Palazzo Ercolani, wo der Portikus der Basilika Santa Maria dei Servi beginnt.

[3] Dies schließt man aus einer persönlichen Notiz Bosellis im Verzeichnis der Tagesmessen: siehe AGOSM, P. Boselli. Für autobiographische Notizen siehe Roschini, Galleria servitana, I, S. 550–551.

[4] Vgl. Malavolti, a.a.O., S. 29.

Der Beginn des Dritten Ordens, für den er von Generalprior Albuino Patscheider die Approbation erhielt, wie weitläufig dokumentiert, fand im November 1855 statt und zog sofort eine große Zahl von Einschreibungen herbei[5] .

Die erste Einkleidung, »vorgenommen nach den Vorschriften des Handbuchs, wurde mit einem musikalischen Konzert begangen«, schreibt die Redakteurin der historischen Anmerkungen zur Gründung. Es gab neun Aspiranten, nämlich »die Schwestern Albina, Maria und Rosa Busi, von Antonio und Marianna Marvelli, aus der Pfarrei von Renazzo; Maddalena Vaccari, von Ignazio und Margherita Serra aus Galeazza; die Schwestern Luigia und Rosa Lamborghini, von Antonio und Marianna Tassinari aus Renazzo; Barbara Pezzini, von Stefano und Cecilia Breviglieri aus Renazzo; Matilde Busi, von Pietro und Lucia Busi aus Renazzo; Colomba Lodi, von Francesco und Caterina Reschi aus Palata Pepoli«.

Von besonderem Interesse ist der Brief, mit dem Pater Boselli dem Generalprior über die erfolgte Einkleidung berichtet. Er schreibt am 30. November 1855:

»Weiter nehme ich die Gelegenheit wahr, um Ihnen für die dem Pfarrer von Galeazza erlaubte Einrichtung unseres Dritten Ordens zu danken. Er erhielt sofort auch die Zustimmung des Vizegenerals. Der Pfarrer war der erste, der von mir privatim aufgenommen wurde. In der Folge wurden von mir öffentlich neun Jungfrauen eingekleidet, zur Freude und großen Erbauung der Leute dort,« — das Folgende ist unterstrichen —, »und andere bereiten sich darauf vor; die Dinge scheinen so gut anzulaufen, daß zu hoffen ist, sie schließen sich bald zu gemeinsamem Leben zusammen und nehmen das ganze Gewand.«[6]

---

[5] Die folgenden Notizen stammen aus dem Manuskript Cenni storici e scopo della fondazione del moanstero delle mantellate in Galeazza, aufbewahrt in ACGB, Cronaca, cart. C, redigiert 1897 von Schwester M. Nazzarena Piazza. Der Inhalt ist den Tagebüchern des Klosters entnommen. Man sehe auch Sum. doc., S. 390–434; M.A. Stella, Le serve di Maia di Galeazza. Sviluppo storico legislativo dal 1855 al 1918, in: Scrinium historiale, XI, Rom 1977, S. 305.

[6] Vgl. Brief Bosellis an Pater Albuino Patscheider, AGOSM, P. Boselli.

Dies ist ein klarer Hinweis auf eine baldige Absicht zum gemeinsamen Leben und enthält schon das Projekt der künftigen Gründung.

Als etwa zwei Monate nach dieser ersten Einkleidung eine zweite nach dem Wunsch von neun weiteren jungen Mädchen stattfinden sollte, ergreift Don Ferdinando diese Gelegenheit, um jetzt den Tertiarinnen, die sich einem Leben größerer Frömmigkeit widmen wollen, das eigentliche Gewand der Mantellate, der Servitinnen, anzulegen. Statt des kleinen Skapuliers und des kleinen Gürtels, legen sie und mit ihnen die früheren neun Tertiarinnen das ganze Gewand an, das dem der klausurierten Servitinnen des Klosters der Dienerinnen Mariens von Budrio nachgebildet ist.[7]

Diese feierliche Einkleidung geschah am 13. Januar 1856 in einer öffentlichen Heiligen Messe in der Pfarrkirche von Galeazza, »in Gegenwart einer dichtgedrängten Menge, die, da sie bis dato nie etwas dergleichen gesehen hatte, in höchstem Maße verwundert und gesammelt war«.

Anfangs trugen diese Tertiarinnen das Gewand nur an Festtagen, beim Gottesdienst, zur Kommunion und zu anderen liturgischen Feiern in der Pfarrei, während sie im Haus ein einfaches schwarzes Kleid ohne Schmuck anzogen. Auch wenn sie weiterhin im eigenen Haus wohnten, paßten sie doch ihr Leben nicht nur der Regel des Dritten Ordens der Serviten an, sondern auch einer Lebensregel, die Don Ferdinando eigens für sie niedergelegt hatte. Als Priorin des Dritten Ordens hatten Pater Boselli als Provinzial und Baccilieri als Mitrektor die ältere der beiden Busi-Schwestern ernannt, Albina; sie hatte den Namen Schwester M. Giuliana angenommen und bezog sich damit auch in der Wahl ihres Namens auf die große Gründerin des weiblichen Zweigs des Servitenordens. Von Schwester M. Giuliana waren die Tertiarinnen nun in wichtigeren Handlungen abhängig.

---

[7] Die Kontakte zum Kloster von Budrio wurden durch den Konrektor des Ortes hergestellt, Bruder Amadio M. Saffi. In einem Brief vom 1. September 1863 beschreibt Saffi das Modell des Ordensgewands in diesem Kloster: vgl. ACGB, P. Fondatore, L.

Unter Bezugnahme auf diese Einkleidung hob der Redemptoristenpater Antonio Bernabei in seinem Bericht über die erneute Mission 1857 in Galeazza folgendes hervor:

»Nach der Mission (von 1855) errichtete man in der Kirche von Galeazza den Dritten Orden der Diener und Dienerinnen Mariens... Männer und Frauen, Jugendliche und Mädchen wetteifern, der eigenen Regel mit aller Treue folgend, der Schmerzhaften Mutter zu dienen. Zwanzig Jungfrauen, unter ihnen viele aus wohlhabender Familie, nehmen mit besonderem Versprechen die Regel an... und tragen das Gewand bei Prozessionen und Kirchenfesten; im Haus und draußen kleiden sie sich immer schwarz... Auch Tertiare, Männer, beobachten eine engere Regel, fast wie Ordensleute, in ihren eigenen Häusern.«[8]

Die Profeß der ersten Tertiarinnen beschränkte sich zunächst allein auf das Gelübde der Ehelosigkeit und des Gehorsams; ihre Tätigkeit bestand in der Unterweisung im christlichen Glauben und im Unterricht für arme Mädchen, in der Betreuung bedürftiger Kranker und Verlassener, im kostenlosen Dienst für die Kirche.

Doch dem Werk von Don Ferdinando fehlten keineswegs die Schwierigkeiten, wie sie allen Anfängen eigen sind. Die Verfolgung ist ja im übrigen der Prüfstein guter Werke und das Siegel der Werke Gottes. Wirklich wurden sofort üble Verleumdungen gegen den Lebenswandel der Tertiarinnen laut, mit dem Ziel, diese Institution im Keim zu ersticken. Vor allem drei Anschuldigungen wurden gegen sie erhoben: »Die Tertiarinnen von Galeazza waren 1. im Theater und bei Bällen; 2. betteln sie für die Pfarrei von Renazzo; 3. arbeiten sie an Feiertagen.«

Die Sorge Baccilieris spricht deutlich aus seinem Brief vom 30. März 1858 an den Erzbischof von Bologna. Er tut seine Gefühle mit Vertrauen und Demut kund und weigert sich, »coram Domino« und »mit aufrichtigem Herzen und frei von jeder Erbitterung« zu schreiben; seine tiefverwurzelte Liebe gelangt an den

---

[8] Vgl. Rinnovazione della missione della Galeazza Pepoli, ACSR, XXII, R 6, Nr. 12.

Punkt, die Verleumder anzuklagen und als »von einigen Bösewichern schlecht Informierte » zu bezeichnen.[9]

Kardinal Viale Prelà verstand es mit der ihm eigenen Weisheit, dieser Prüfung ein Ende zu setzen, und stützte Baccilieris Initiative ausdrücklich. In der Öffentlichkeit erklärte er: »Ich habe erfahren, daß viele sich befleißigen, das Werk des Herrn Rektors von Galeazza zu zerstören. Das sollen sie nur machen, nur zu, sie bekommen es mit mir zu tun.«

Zu diesen objektiven Schwierigkeiten, die von außen kamen, gesellten sich andere Unsicherheiten hinzu. Im übrigen erhält jeder Gründer größere Klarheit über seine anfängliche Inspiration, wenn er sie allmählich sich verwirklichen sieht. Auch Don Ferdinando faßte entsprechend die Ereignisse als Hinweise für den Weg auf, den er in der Verwirklichung der ersten Intuition gehen sollte.

In diesem Licht sind die folgenden Ereignisse zu lesen; schon in dieser Phase vor der Gründung lassen sie die darin liegenden wesentlichen Züge der Gründung erkennen. Das heißt, eine Frauenordensgemeinschaft ins Leben zu rufen, die zur Familie der Serviten gehört und in die Pfarrei eingebunden ist: zu Religionsunterricht und Katechese, zur Unterstützung Notleidender, zur Mitarbeit bei der Verschönerung der Kirche. Noch eine besondere, vorrangige Entscheidung muß vorgestellt werden, nämlich das Anliegen der Frauenbildung.

Auf dem Weg zur Gründung

In der Freundschaft und Zusammenarbeit mit der Familie von Antonio Busi fand Don Ferdinandos Grundintuition fruchtbares Erdreich. Insbesondere galt dies für dessen Töchter, die eine eindeutigere und festere Form gottgeweihten lebens anstrebten.

Die Busi waren eine zahlreiche Familie, tief religiös und mit einem gewissen Wohlstand ausgestattet. Sie wohnten in Dodici

[9] Vgl. Pos. intr., S. 250–252.

Morelli, einem Ortsteil von Renazzo, wenige Kilometer von Galeazza entfernt. Außer Grund besaßen sie hier auch ein Geschäft. In den Seelenverzeichnissen der Pfarrei ist Herr Antonio übrigens als »Grundbesitzer und Geschäftsmann«[10] eingetragen. Nicht nur die Kirche hat der Familie viel zu verdanken; auch in den Zeiten der Gründung zeichneten sich die Busi durch Großzügigkeit, Menschlichkeit und Freundschaft aus.

Außer Vater Antonio und Mutter Marianna Marvelli gehörten vier Söhne und fünf Töchter zur Familie, nach der Reihenfolge des Alters: Albina, Giuseppe, Luigi, Angelo, Rosa, Maria, Vincenzo, Luigia und Caterina.

Wir besitzen keine Unterlagen, die Licht in die ersten Kontakte zwischen Antonio Busi und Baccilieri bringen könnten. Die Nachbarschaft von Dodici Morelli, Reno Finalese und Buonacompra läßt vermuten, daß es landwirtschaftliche oder geschäftliche Dinge waren, die die beiden Familien miteinander in Kontakt brachten. Jedenfalls finden wir bereits vom Anfang der fünfziger Jahre einige Briefe Don Ferdinandos an Herrn Antonio, welche die sie verbindende Freundschaft erkennen und die geistliche und religiöse Prägung der ganzen Familie erahnen lassen.[11]

Gemeinsamer Grundzug ist die Marienverehrung, insbesondere der Schmerzhaften Mutter. Aus dieser gemeinsamen Verehrung entstand ja auch die Anregung, die Bruderschaft von der Schmerzhaften Mutter wie auch den Dritten Orden der Serviten zu gründen.

Die Mitarbeit der Familie Busi muß daher als wesentliches Element der Geschichte der Pfarrei und der Gründung von Galeazza angesehen werden. In der Tat unterstützten Antonio und Marianna Don Ferdinando moralisch und finanziell bis zu ihrem Lebensende.

---

[10] Vgl. Familie Busi Antonio, Pfarrarchiv von Renazzo, Stato delle anime per l'anno 1851–1853, S. 162.

[11] Zwanzig Briefe an Busi liegen uns vor: vgl. ACGB, P. Fondatore, L 2, Bd. 3, S. 146–185.

Wenn die Gründung des Dritten Ordens für die Pfarrei von Galeazza von Bedeutung war, so erfüllte sie doch noch nicht ganz die Erwartungen der Schwestern Busi. Ihre Weihe im Kreis der Familie zu leben, genügte ihnen nicht; auch wünschten sie sich eine größere Nähe zu Baccilieri, um von ihm besser im geistlichen Leben geleitet zu werden. Eines Tages teilten sie ihm daher ihren glühenden Wunsch mit, sich endgültig aus der Welt zurückzuziehen. Don Ferdinando, der ihre aufrichtige Bereitschaft erkannte, erwog diesen Wunsch ernsthaft und dachte über eine mögliche Lösung nach.

Wo und wie konnte er denn überhaupt eine Entscheidung rechtfertigen, die die Mädchen dazu führte, außerhalb des familiären Raumes zu leben? Er betete in dieser Sache, ging mit sich zu Rate und entschied sich schließlich für eine Kriegslist, um indirekt das erwünschte Ziel zu erreichen. Im Vertrauen auf das Ansehen, das er bei Vater Antonio genoß, bat er die Eltern Busi, in Galeazza »einen Delikatessenladen mit Verkauf von Salz, Tabak und Brot« zu eröffnen, ähnlich dem in Dodici Morelli.

Die Busi kamen dieser Anfrage nach, und im September 1857 wurde der Laden in Galeazza eröffnet. Die Geschäftsführung wurde dem Sohn Vincenzo anvertraut, und zu seiner Arbeitserleichterung wurde auch eine einfache Wohnung in der Nähe der Piazza von Galeazza gemietet. Um dem Bruder Gesellschaft zu leisten, lebten hier nun im Wechsel die Schwestern Albina, Maria, Luigia und Caterina, alle Tertiarinnen der Serviten. Rosa, ebenfalls Tertiarin, war schon im Februar 1856, nur 23 Jahre alt, vom Herrn heimgerufen worden.[12]

Diese Möglichkeit des Zusammenlebens war der erste Schritt zu dem erstrebten Leben in Gemeinschaft. Im folgenden Jahr entschieden sich nach dem Tod ihres Vaters die Schwestern Gallerani, beide ebenfalls Tertiarinnen und vom gleichen Wunsch erfüllt, zusammen mit ihrer Mutter ein Zimmer in der Wohnung der Busi zu beziehen. Der Keim begann zu wachsen. Wirklich wurden die Frauen, im selben Ideal verbunden, miteinander ver-

---

[12] Vgl. Catalogo delle suore mantellate, ACGB, Origini, cart. A.

traut und beschlossen, in diesem Haus eine Art von Ordensleben zu führen.

So lebten sie einige Zeit. Aber dann wurde im Jahr 1860 infolge der bekannten politischen Ereignisse, die Bologna und seine Provinz unter die Herrschaft Savoyens brachten, und aufgrund der neuen Gesetze das Geschäft der Busi geschlossen.

Die Tertiarinnen, weiterhin fest entschlossen in ihrem Willen zusammenzuleben, waren also gezwungen, sich nach einer neuen Bleibe umzusehen. Sie mieteten eine andere Wohnung, die noch näher bei der Kirche lag. Aber auch das war nur für eine kurze Zeit. Der neue Eigentümer trieb die Miete dermaßen hoch, daß die Busi dadurch jede Hoffnung auf Fortsetzung ihrer kleinen Gemeinschaft in Gefahr sahen.

Doch die Vorsehung leitete die Ereignisse. Da aus der Situation ersichtlich wurde, daß man nicht länger auf provisorische Lösungen vertrauen konnte, wandten sich Albina und die Schwestern, unterstützt von Don Ferdinando, an Vater Antonio mit der Bitte, die Mitgift einer jeden von ihnen zum Bau eines kleinen Klosters verwenden zu dürfen, das an das Pfarrhaus von Galeazza angrenzen sollte. Die Familie, die inzwischen voll in das Projekt der Mädchen einbezogen war, stimmte ohne irgendwelche Schwierigkeiten zu.

So wurde im Herbst 1861 mit den Bauarbeiten zu jenem Gebäude begonnen, das noch heute nach Erweiterungen und Restaurationen das Mutterhaus der Kongregation darstellt.

VIII. DER SAMEN IST INS ERDREICH GEWORFEN…

Das »Verzeichnis der Suore mantellate (der Schwestern mit dem Umhang)« zählt Anfang 1862 gut und gern 26 Tertiarinnen. Die Institution war inzwischen ein Faktum geworden, sowohl durch das intensive christliche Leben dieser jungen Frauen als auch durch ihre seelsorgerische Tätigkeit in den beiden Pfarreien von Galeazza und Renazzo.

Als es jedoch darum ging, ein wirkliches Leben in Gemeinschaft zu beginnen, konnten nicht alle diese radikale Entscheidung treffen. Die meisten waren, sei es durch fehlende finanzielle Mittel, sei es durch den Widerstand ihrer Verwandten, gezwungen, in ihren Häusern, im Schoß der Familie, zu bleiben.

In Galeazza liefen inzwischen die Arbeiten auf Hochtouren; nachdem das Fundament gelegt, der Bau hochgezogen und das Dach darüber gesetzt war, wurde im Frühling 1862 zur großen Freude aller der kleine Konvent fertiggestellt.

Sofort wurde das Datum für den offiziellen Beginn der ersten Kommunität vereinbart und auf den Abend des 23. Juni 1862 festgelegt, Vigil des Festes von Johannes dem Täufer. Das ist bei genauerem Nachdenken nicht ohne Bedeutung. Wie der Vorläufer Jesu, so nahmen auch diese ersten Schwestern, die von Don Ferdinandos Projekt entzündet waren und ihm vertrauten, die Herausforderung für das Reich Gottes an und öffneten einen neuen Weg.

Die erste Kommunität

Die Gemeinschaft, die an jenem so bedeutungsvollen und emotionsgeladenen Abend in den Konvent von Galeazza Einzug hielt, bestand aus drei Tertiarinnen: den Schwestern Busi (Schwester Maria Giuliana und Schwester Maria Luigia) und Schwester M. Rosa Gallerani. Mit ihnen kamen auch die Mutter der Gallerani als Hilfe und die kleine Carolina, eine Nichte der Busi, damals zwölf Jahre alt, war als Zögling da.

Die Chronik des Konvents, die von nun an immer so genau die Ereignisse festhält, war noch nicht begonnen. Folglich ist uns offiziell nichts über diesen wichtigen Moment berichtet; es ist jedoch anzunehmen, daß eine Zeremonie, religiös und familiär zugleich, die Haussegnung und den Einzug seiner ersten Bewohner den Einzug begleitete. Mit welcher inneren Erregung Don Ferdinando seine Glückwunschworte wohl gesprochen hat, wie er seine prophetische Sicht ausgedrückt hat, wissen wir nicht. Sicher jedoch war es ein großes Fest, und Familie Busi dürfte komplett dabeigewesen sein. Vater Antonio und Mutter Marianna werden wohl zugleich gezittert und gejubelt haben über die Realisierung eines Projekts, bei dem in erster Linie Albina und Luigia beteiligt waren, die einzigen beiden Töchter, die ihnen noch geblieben waren. Die anderen drei, Rosa, Maria und Caterina, hatte sich der Himmel bereits geholt.

Die Kommunität, die hier gebildet wurde, war gewiß nicht homogen, weder in Alter noch Fähigkeit. Albina, jetzt Schwester M. Giuliana, war 38 Jahre alt und folglich, könnte man sagen, in der Fülle ihrer Reife; Luigia,jetzt Schwester M. Luigia, war erst 21; Schwester M. Rosa Gallerani schließlich war 26 alt.

Albina, die Älteste der Busi, hatte in der Familie schon früh Verantwortung und Initiative übernehmen müssen, und so war sie schon die Leitung einer Gruppe und die Führung eines Hauses gewohnt. Auf sie, eine Frau mit meinschlichen und geistlichen Gaben, hatte Don Ferdinando in der Tat bei der Errichtung des Dritten Ordens, seinen Blick gerichtet, und ihrer Fähigkeiten wegen hatte er sie 1855 zur Priorin ernannt und bestätigte sie bis

1872 immer wieder in diesem Amt. Wegen der Rolle, die ihr zukam, wurde sie von der Kongregation zusammen mit Don Ferdinando immer als »Gründerin« gesehen.[1]

Luigia hingegen war noch jung. 1841 geboren, war sie auf dem Weg ihrer Einführung ins Christsein sicherlich von Don Ferdinando begleitet und so bereits als Fünfzehnjährige zugelassen worden, um das Gewand der Mantellate, der Servitinnen, zu nehmen. Sie unterschied sich in ihrem Charakter sehr stark von ihrer Schwester, und sehr bald schon zeigte Schwester M. Luigia eine außergewöhnliche Fähigkeit zur Seelenführung. Dies wurde deutlich in der Schulung der jungen Mädchen, die sich für das Ordensleben in dieser Gemeinschaft entscheiden wollten. 1872 übernahm sie dann das Amt der Priorin und behielt es bis zu ihrem Tod 1896. Da sie in der Gemeinschaft, die sie auch in dem schwierigen Moment leiten mußte, als der Gründer starb, eine so bedeutende Rolle hatte, wurde sie immer als »Mitgründerin« betrachtet.[2]

Rosa Gallerani schließlich, vor allem eine Frau der Praxis, übernimmt sofort die Aufgabe der »Verwalterin« der Gemeinschaft und behält sie etliche Jahre. In der ersten Kommunität waren die

---

[1] Dies bezeugt das Tagebuch des Konvents, das ihren Tod am 8. April 1891 mit folgender Eintragung bedenkt: »Der hochwürdige Pater Konrektor hatte bestimmt, daß für die Beerdigung und für den Gottesdienst in der Kirche alles wie für die anderen Schwestern gehalten werden sollte. Aber wir haben alle darum gebeten, etwas mehr zu machen, das heißt eine größere Anzahl der Mitbrüder und auch unsere Begleitung, ein feierlicheres Amt, bei dem wir auch dabei waren. Diese Zugeständnisse haben wir erbeten, weil die Ehrwürdige Mutter zusammen mit Mutter Priorin Gründerin des Klosters ist, und nur aus diesem Grund hat uns der hochwürdige Herr Konrektor dies erlaubt.« Vgl. Tagebuch, ACGB, Cronaca, cart. C, Bd. 5, S. 48.

[2] Das Tagebuch liefert uns noch eine wichtige Momentaufnahme der seltenen Fähigkeiten von Schwester m. Luigia. Am 31. Juli 1896, ihrem Todestag, ist eingetragen: »Die einzigartigen Gaben unserer lieben Mutter erwähne ich nicht, denn jedes Wort würde ihre Verdienste schmälern. Sie war eine Heilige in des Wortes vollster Bedetung: von starkem Charakter, aber so beherrscht, daß alle, die sie kannten, glaubten, sie sei sanft; immer heiter, zeigte sie niemandem die ernsten Sorgen, die sie um ihre liebe Gemeinschaft drückten.« Vgl. Tagebuch, ebd., Bd. 8, S. 24-25.

Aufgaben also genau unterschieden: Schwester M. Giuliana Busi, die Priorin; Schwester M. Luigia Busi, ihre Stellvertreterin; Schwester M. Rosa Gallerani, Ökonomin.

Anfangs unterschied sich ihr Leben nur gering von dem, das sie in der Familie geführt hatten. In ihrem Einsatz im geistlichen Leben und im Leben des Gebetes stellen sie weiter ihren Dienst einer Pfarrei zur Verfügung, der es, so könnte man sagen, an allem fehlte. Allerdings sind dies auch die Jahre, in denen das Ziel und die Spiritualität der Kongregation sich deutlicher abzeichnen. Es ist vor allem ein geistliches Ziel, das Bemühen um eigene Heiligkeit nach dem Vorbild Christi des Gekreuzigten und der Schmerzhaften Mutter, und das apostolische Ziel, Jugendliche durch Katechismus und Schule zu erziehen.[3]

In seinem Projekt, die entstehende Kongregation zu prägen, lehnt sich Baccilieri genau an die Spiritalität der Serviten, der Diener Mariens, an[4] . Dem Generalprior vertraut er die Ausrichtung der Gemeinschaft an; von ihm läßt er sich leiten, bittet ihn um seinen Rat[5]. Vom Servitinnenkloster in Rom übernimmt er Regel und Richtlinien, die gleiche Tracht, die Gebetbücher und den schwesterlichen Lebensstil[6] . Darüber vergißt er auch seine eigene, in

---

[3] Vgl. Cenni storici..., ms.c.

[4] 1871 sagt Baccilieri bei der Übergabe der Erklärung der Regeln und der Richtlinien an die Kommunität: »Es sind also keine neuen Regeln und Richtlinien, die ich euch vorstelle, wohl aber ist es die Erklärung des wahren Geistes der Regeln und Konstitutionen, um euch besser den Weg zu ebnen, sie zu halten und denen weiterzugeben, die euch im wahren Geist der Diener und Dienerinnen Mariens folgen werden.« Vgl. ms., ACGB, P. Fondatore, L 5, Bd. 1, S. 129-130.

[5] 1888 erklärte er bei der Einladung an Pater Testa nach Galeazza: »Auch zur Beruhigung meines Gewissens möchte ich, daß Sie kommen; denn aus dem Anhören der Schwestern können Sie mit voller Sachkenntnis mir mit Ihrem Rat helfen, sie auf dem Weg der Tugend zu leiten und nach dem Geiste des Ordens; welche Kenntnis davon kann ich als Weltpriester trotz meines guten Willens schon davon haben? Darin komme ich mir wie kurzsichtig vor und bin voll davon überzeugt.« Vgl. Brief vom 17. Mai 1888, AGOSM, Epist. PP. Gen., A/75, unter dem Datum.

[6] Er erhielt dies alles bei seinem Besuch mit Pater Boselli in dem römischen Konvent. Die Konstitutionen wurden jedoch in einigen Punkten modifiziert entsprechend der andersartigen Situation von Galeazza. Der Drucktext liegt vor in ACGB, Legislazione, cart. 8.

der Jugend empfangene Prägung nicht, und deshalb schreibt er auch Richtlinien, die die ignatianische Auffassung des geistlichen und des Ordenslebens erahnen lassen.

Die bürgerlichen Gesetze erlaubten damals allerdings nicht, neue Ordensgemeinschaften zu gründen; deswegen waren die Servitinnen von Galeazza, wie es aus der zeitgenössischen Dokumentation hervorgeht, nicht allgemein anerkannt; der Regierung gegenüber sah es so aus, als habe Albina Busi Kostgänger bei sich. Im übrigen lesen wir in einem Bericht des Erzpriesters von Cento an die Kurie in Bologna:

»Das Haus der Oberin ist kein Kloster, sondern einfach ein bequemes Privathaus, das auf eigene Kosten errichtet wurde, mit einer gewissen Anordnung, die sehr gut geeignet ist, um darin allein zu leben; und gleichzeitig kann man unmerklich den Rückzug oder die reguläre Klausur vorbereiten. Die augenblickliche Oberin nähme im Haus diejenigen Mitschwestern auf, die ohne Eltern oder Geschwister bzw. andere Angehörige blieben. Bei ihrem Tod will sie das Haus den künftigen Oberinnen überlassen, die die Pflicht haben, jene Mitschwestern aufzunehmen, die ohne Eltern etc. sind — siehe oben —, und sie ganz oder teilweise zu unterhalten, entsprechend den Bedürfnissen. Zu diesem Zweck stellt sie mit den nötigen Vorsichtsmaßnahmen einen Fond für künftige Zeiten bereit.«[7]

Da die Schwestern Besitz hatten, also nicht für ihren Lebensunterhalt arbeiten mußten, stellten sie weiterhin ihr Wirken ganz in den Dienst der Kirche und halfen auch finanziell mit einzigartiger Großzügigkeit. Christenlehre, Hilfe für arme Mädchen, die sich auf den Empfang der Sakramente vorbereiteten, geschwisterlicher Besuch und finanzielle Unterstützung für Kranke, Näharbeiten und Sticken für eine würdige Ausstattung der Kirche, waren anfangs ihre hauptsächlichen Dienste.

Von Anfang an scheint Don Ferdinando jedoch eine andere, genau umrissene Zielsetzung seiner Institution geben zu wollen,

---

[7] Vgl. APSB, Plebanato di Cento — visite plebanali, cart. 1, fasc. 5.

und zwar die Mädchenerziehung[8]. Im übrigen galt die Frau in der zweiten Hälfte des 18. Jahrhundets nicht viel; das Privileg der Bildung war dem Sohn vorbehalten. Dies war umso selbstverständlicher, je niederiger das örtliche soziale und kulturelle Niveau war.

In Galeazza war es also dringend geboten, die Basis für eine qualifizierte Erziehung zu legen. Die Gemeindegrundschulen zeichneten sich nicht gerade durch Qualifikation und Didaktik im Unterricht aus. Baccilieri, der von Jugend an sich als Naturtalent im Lehren gezeigt hatte, dachte nun an die Möglichkeit, sein Projekt zu realisieren.

Etwa zwanzig Jahre war die Kommunität der Schwestern hauptsächlich für die Pfarrei da; aber als allmählich das spirituelle und moralische Niveau dort wieder gestiegen und die Kirche der Pfarrgemeinde mit allem Notwendigen ausgestattet war, schien die Motivation der Gründung nicht mehr ganz zu stimmen; hingegen wurde nun durch Situationen, deren Bedeutung sich im Gespräch und in Absprache mit den Oberen sich herausstellte, klarer, daß der Periode der inneren und örtlichbedingten Prägung der Gemeinschaft nun ein genauer Umriß der apostolischen Zielsetzung folgen mußte.

Es ist sein Freund, der Redemptoristenpater Ernesto Bresciani, der zusammen mit den Serviten Don Ferdinando den Anstoß zu dem gibt, was das eigentliche Ziel der Ordensgemeinschaft werden wird: einen Beitrag zur »intellektuellen, religiösen, bürgerlichen und häuslichen Bildung« der jungen Mädchen zu leisten, »damit sie gut, tugendsam und liebevoll zu ihren Verwandten und gute Familienmütter werden«.[9]

---

[8] »Wenn sie mehr Personen wären, hielten sie auch Schule«, bestätigt Don Ferdinando 1863 im Gespräch über die Servitinnen: vgl. a.a.O.; dieselbe Absicht wiederholt er 1880 mit folgenden Worten: »Sie würden die Schule EZIANDIO machen, wenn sie ausgebildete Lehrerinnen hätten; vgl. ACAB, Sacra visita pastorale dell'e.mo card. Parocchi, Bd. 29 B, fasc. 5.

[9] Vgl. Programma del collegio-convitto femminile diretto dalle religiose Serve di maria, dette Mantellate di Santa Maria della Galeazza (provincia di Bologna, Comune di Crevalcore), 1883, ACGB, Origini, cart. A 1.

Das war ein Ziel, das, in den Grenzen des Möglichen, bei den apostolischen Absichten Don Ferdinandos und seiner Kommunität immer einen Anreiz dargestellt hatte. Wirklich gibt es im Einsatz Don Ferdinandos und seiner Kongregation im erzieherischen Bereich Stufen: auf die einfache, kostenlose Schule in Galeazza, einer Initiative der Schwestern Busi seit 1857, folgt 1881 die offene Grundschule, und 1883 wird daraus ein Kolleg mit Konvikt, das zum Zeitpunkt seiner vollen Anerkennung alle fünf Grundschulklassen und noch eine weiterführende Klasse umfaßt.

Die achtziger Jahre sind also die Jahre, in denen sich das Projekt des Instituts klärt und festigt. Der Ruf der Gemeinschaft dringt über die Grenzen der Pfarrei und der Diözese hinaus. Durch die Redemptoristen, die Serviten und befreundete Priester macht Don Ferdinando seine Gründung in anderen Gegenden Italiens bekannt.

Um den zweiten Schritt zu realisieren, braucht er ausgebildete Kräfte. Er möchte ein Werk schaffen, das vom Didaktischen her professionell ist, und dazu sucht er »Lehrerinnen mit Berufung«, wie er selbst gern sagt. Was ihm vorschwebte, war eine Erziehung, die den ganzen Menschen prägte, und deshalb schien ihm eine junge Schwester als Lehrkraft Garantie der Ernsthaftigkeit und vor allem der Kontinuität zu sein.

Schule und Kolleg

In der langen Periode der Vorgeschichte der Gründung spielt das Bestreben, sich im erzieherischen Bereich einzusetzen, die führende Rolle bei allen Initiativen.

Erziehung wird hier verstanden als geistliche und sittliche Formung wie auch als geistige Bildung im eigentlichen Sinn. Ersteres richtet sich an alle sozialen Kategorien seiner Pfarrei, letzteres an die jungen Mädchen aus armen wie aus wohlhabenden Familien.

Die schriftlichen Quellen und auch die überlieferten Gewohnheiten lassen uns diesbezüglich zu dem Schluß kommen, daß die verschiedenen Entscheidungen Baccilieris sozusagen Folge eines »sozialen Paktes« zwischen ihm und seinen Leuten waren. So erkannte er in einer Zeit äußerster Depression und in einer Gegend, in der Elend und Analphabetismus herrschten, das Gut der Bildung als »eine Möglichkeit, mit anderen in Verbindung zu treten, Gott kennenzulernen und ihn bekanntzumachen; als Faktor der menschlichen Entwicklung , der sozialen Befreiung und der Befreiung von der Not«.[10]

Die Glaubenserziehung wurde, wie schon gesagt, durch verschiedene Formen der Verkündigung und der Katechese angestrebt; sie wurde durch Einrichtung von Vereinen ergänzt, die der Pastoral Kontinuität garantierten.

Die Verwirklichung des Schulprojekts ging hingegen langsamer und mühevoller, nicht ohne Fragezeichen und unvorhergesehene Überraschungen voran. 1857 auf freiwilliger Basis von den Schwestern Busi begonnnen, wurde die Schule von Galeazza in dem Moment eine angesehene Grundschule, als Baccilieri regulär ausgebildete Lehrerinnen zur Verfügung hatte.

Der Wunsch wurde Wirklichkeit, als dank der Zusammenarbeit mit dem Freund Bresciani Carlotta Gelain aus Carrara S. Giorgio (Padua), in Galeazza eintraf. Die junge Frau, die im Orden den Namen Schwester M. Alfonsina annahm, war die diplomierte Lehrerin, mit deren Hilfe Baccilieri am 10. Januar 1881 die offene Elementarschule eröffnen konnte.

Zunächst waren nur zehn Mädchen angemeldet, aber wenige Monate später hatte sich die Zahl schon verdoppelt; über diese Entwicklung schrieb Don Ferdinando an den befreundeten Pater Ernesto:

»Für die Schule von Schwester Maria Alfonsina habe ich Grund zu berechtigten Hoffnungen: es sind kaum zwei Monate her, daß wir die Schule eröffnet haben; obwohl sie zu einem ungünstigen Zeitpunkt begonnen hat, wird sie jetzt schon von 24 Mädchen aus den besten Familien der Umgegend besucht. Vier von ihnen kommen aus den besten Familien von Palata: der Vater

---

[10] Vgl. L. Gherardi, Il sole sugli argini, Bologna 1988, S. 86.

von zweien von ihnen ist Rechnungsführer beim Prinzen Torlonia.«[11]

Zunächst gab es nur die erste und zweite Elementarschulklasse, einerseits, weil Lehrerinnen fehlten, andererseits weil man überzeugt war, daß wenige »Mädchen vom Land in der Lage seien, sich mit dem Stoff der dritten und vierten Klasse zu befassen«. Diesen Eindruck muß Baccilieri unter den folgenden Ereignissen jedoch revidieren; im Laufe nur eines Jahres bekam die Schule einen solchen Ruf, daß Baccilieri sich auf die Suche nach einer zweiten Lehrerin machen mußte. Die Vermittlung erfolgt wiederum durch Bresciani, der bei den Volksmissionen Gelegenheit hatte, mit Menschen aus den entlegensten Winkeln von Norditalien zusammenzutreffen, besonders von Venetien. »Wir brauchen eine Lehrerin für die dritte und vierte Elementarschulklasse...«, schrieb Don Ferdinando am 17. Januar 1882, »diese Schule wird von den Herren und Wohlhabenden sehr gewünscht, die ihren Töchtern eine weitläufigere Bildung zukommen lassen wollen.«[12]

Damit zeichnet sich von nun an ab, welchen Ansatz die Schule selbst hatte: Schülerinnen aus wohlhabenden Familien wurden aufgenommen, um dann auch den Kindern aus armen Familien die Möglichkeit zum Schulbesuch geben zu können. Dies bezeugt die Verfasserin der »Cenni storici...« und registriert für 1897 das Verhältnis zueinander: »Augenblicklich gibt es zwölf Zöglinge; achtzehn sind die Tagesschülerinnen und fünfzig die Mädchen armer Herkunft.« Eine Eliteschule also, aber nur zu dem Zweck, das Notwendige zu verdienen, damit die erzieherische Tätigkeit kontinuierlich sein kann, was ein bloßes Volontariat nicht gewährleisten konnte.

Wie sehr der Erfolg dieses Werkes Don Ferdinando mit Genugtuung erfüllte, wird wiederholt in seinen Briefen deutlich. So heißt es in dem schon zitierten Brief an Bresciani:

---

[11] Vgl. Brief vom 4. Mai 1881, ACGB, P. Fondatore, L 2, Bd. 1, unter dem Datum.

[12] Vgl. Brief vom 17. Januar 1882, ebd., unter dem Datum.

»Was die Schule an Gutem leistet, ist unermeßlich. Die Eltern jubeln über ihre braven und tüchtigen Töchter, und sie selbst werden auch besser. Den Beweis dafür hat schon die herrschaftliche Familie von Palata geliefert! Ein Oberhaupt von einer der wichtigsten dieser Familien (der Sekretär und Rechnungsführer des Prinzen Torlonia), der vorher gegen Priester, Ordensleute und Schwestern feindselig und gleichgültig gegenüber allem, was mit Religion zu tun hat, eingestellt war, hat sich völlig verwandelt, seit seine drei Töchter die Schule der Schwestern besuchen, und jetzt hält er Lobreden auf seine früheren Gegner. Und mehr noch: er unterstützt die Töchter und ahmt sie in gutchristlichem Betragen nach.«

Und da er immer abgeneigt ist, sich selbst irgendwelche Verdienste zugutezuhalten, fährt er nach seiner Art fort:

»Wer hat das Hauptverdienst daran? Daß Sie uns Schwester Alfonsina geschickt haben. O mein lieber Pater, möge also dieses Ihr Werk weiter gedeihen!«[13]

Entsprechend vielsagend sind die Briefe, die das Urteil der Schulinspektoren berichten, die sich in diesen ersten Jahren nach Galeazza begaben.[14]

Übrigens versuchte die Gemeinde von Crevalcore sogar, Baccilieri zu überreden, die Schule von Galeazza zu übernehmen, die nach Aussage der Dokumente zu den schlechtesten der Gegend gehörte.

Recht gern hätte der heiligmäßige Pfarrer den kulturellen und sozialen Bedürfnissen des Ortes entsprochen, aber da es ihm an Ordensschwestern fehlte, die Lehrerinnen waren, zog er es vor, dem Privatunterricht den Vorrang zu geben, der auch damals schon mehr Freiheit in der Ausrichtung und Gestaltung der Erziehung ermöglichte.

---

13 Ebd.

14 »Wir können das machen, aber wir erreichen nie das, was die Ordensmänner und die Schwestern erreichen«, sagte der Inspektor bei seinem Besuch 1881: vgl. Brief an Bresciani vom 4. Mai 1881, ebd.,unter dem Datum.

Sein Projekt orientierte sich, auf Drängen der Freunde und sogar des Kardinals von Bologna, Lucido M. Parocchi, eher an einer Form und Erziehungsstruktur, die in der damaligen Zeit ziemlich verbreitet war, nämlich dem Kolleg und Konvikt; dieses Werk zeigt klar, welches »Ziel das neue Institut haben sollte«.

Zittern und Unsicherheit begleiteten die ersten Schritte dieser Realisierung, wie aus einem Schreiben an den Serviten Pater Pagliai ersichtlich wird:

»Alle Guten und Schlechten ermutigen mich, und ich begebe mich mit Furcht da hinein. Bis jetzt schwanke ich zwischen Ja und Nein: das schien das galileische Pendel!!! Schluß jetzt: ich mache einen Versuch, nach dessen Ausgang ich ersehen kann, ob das Gottes Wille ist, wie man mir weismachen will. Um mit Klugheit vorzugehen, haben wir uns entschlossen, die Einrichtung nicht einmal als Kolleg auszugeben: es ist ein Gebäude, übrigens so erwünscht, wo die Mädchen sich tagsüber aufhalten und wo nachts die Zöglinge schlafen, die die Schule der Schwestern besuchen und wegen der Entfernungen nur unter großen Unbequemlichkeiten jeden Morgen von daheim kommen und abends heimgehen könnten. Gelingt es? Gut. Gelingt es nicht? Das Gebäude wird den Schwestern schon dienen.«[15]

Diese verständlich vorsichtige Haltung fand jedoch in den Umständen eine positive Antwort. Sie bestätigen, daß die Initiative richtig ist. Wirklich fragen im Oktober 1882, noch bevor der an den Konvent angrenzende und im Sommer des Vorjahrs begonnene Bau bezugsfertig ist, die Herren Costa aus Cento und Tosi aus Renazzo an, ob ihre Töchter in einem vom Konvent getrennten Zimmer untergebracht werden könnten. Margherita Costa, Rosina und Ida Tosi werden so die ersten drei Zöglinge, die regulär vom Schuljahr 1882/83 an das Internat besuchen.

In der folgenden Zeit wachsen mit dem Ansehen der Schule auch die Einschreibungen. Eine Durchsicht der Lehrpläne und der Vergleich des anfänglichen von 1883 mit dem von 1904 können

---

[15] Vgl. Brief an Pagliai vom 2. Juni 1882, AGOSM, Epist... PP. GEn., A/75, unter dem Datum.

übrigens eine genaue Vorstellung von der zunehmenden Verbesserung der Erziehungsziele und der Lehrinhalte vermitteln. »Der von regulär ausgebildeten Lehrerinnen durchgeführte Unterricht,« liest man im ersten, »umfaßt zunächst vier Klassen und richtet sich nach der staatlichen Schule. Pflichtfächer sind: Christenlehre, italienische Sprache, Rechnen, Erdkunde, Geschichte, Elemente der Geometrie, der Physik und der Naturwissenschaften.« Im zweiten hingegen erscheint der Unterricht entschieden weiter und »umfaßt die vier Elementarschulklassen, den Aufbaukurs, der zugleich mit den üblichen alle im Regierungsprogramm vorgesehenen Fächer umfaßt. Da sich der Unterricht an die Gesetzesvorschriften über den öffentlichen Unterricht hält,« heißt es weiter, »können sich die Schülerinnen den Lehramtsprüfungen unterziehen, wenn die Eltern damit einverstanden sind... Es wird auch Unterricht im Klavierspielen, Französisch und Zeichnen erteilt.« Schließlich wird noch die Lehrmethode mit folgenden Worten bedacht: »Im Institut wird immer italienisch gesprochen. Der Wetteifer wird durch Prüfungen, monatliche Ehrungen, die ins Ehrenheft eingetragen werden, und Prämien am Ende des Schuljahrs gefördert.«[16]

Diese schrittweise Verbesserung wurde dadurch möglich, daß aus Venedig einige Mädchen kamen, die Don Francesco Pantaleo, Lehrer am Erzbischöflichen Seminar und ihr Seelenführer, nach Galeazza geschickt hatte. Dies sind Schwester M. Pia Paleri, Expertin im Nähen und Sticken, Schwester M. Teresa Cozzi und Schwester M. Nazzarena Piazza, beide mit dem Lehrdiplom für höhere Klassen. Unter ihnen tut sich Schwester M. Teresa als langjährige Direktorin der Schule hervor.[17]

---

[16] Vgl. Programme des Kollegs und Konvikts von Galeazza, ACGB, Origini, cart. A 1.

[17] Giovanna Cozzi wurde am 15. August in Venedig als Tochter von Antonio und Amalia Borgazzi geboren. Sie studierte an der »Königlichen Normalschule« von Venedig und bekam am 1. August 1882 das Oberstufendiplom. Nach ihrem Eintritt in den Konvent von Galeazza nahm sie am 15. Oktober 1883 das Ordenskleid und nahm den Namen Schwester M. Teresa an; ihre Profeß machte sie am 17. Oktober des folgenden Jahres. Sie wurde Direktorin des Kollegs, Sekretärin des Konvents und 1896 beim Tod der Mutter Busi Priorin der Kommunität.

Schule und Kolleg blieben jedenfalls immer in den Kontext der Pfarrei eingefügt und übten ihren kulturellen Einfluß auf die ganze Bevölkerung aus. Dafür zeugen die während der Karnevalstage angebotenen Akademien, an denen im Wechsel die gesamte ländliche Bevölkerung der Pfarrei teilnehmen konnte; zum anderen die Zeremonie der alljährlichen Preisverleihung an die Zöglinge, denn hierzu kamen nicht nur kirchliche Würdenträger nach Galeazza, sondern auch Personen aus der hohen Gesellschaft.

Wenden wir uns nun, ohne noch länger bei diesem Projekt zu verweilen, das Don Ferdinando nicht wenig Kopfzerbrechen bereitete, einer anderen Realisation zu, die unsere Aufmerksamkeit verdient. Sie zeigt noch einmal die Wertschätzung, die der Pfarrer von Galeazza genoß, und sein Einsatz im sozialen und erzieherischen Bereich.

Wir befinden uns im Jahre 1889 und erhalten alle unsere Kenntnisse aus drei Briefen Brescianis[18]. Es geht um den Vorschlag der Marquise Bevilacqua aus Bologna, sich für die Gründung einer landwirtschaftlichen Schule zu verwenden »mit dem Ziel, auch die Bauern die Kunst zu lehren, den Boden gut zu bestellen«. Da die Marquise jedoch die Bedingung gestellt hatte, daß Baccilieri selbst das Ganze leitete, fiel der Plan leider ins Wasser. Baccilieri war inzwischen in vorgerücktem Alter, und obwohl er die Zielsetzung des Unternehmens schätzte, getraute er sich doch nicht, selbst die ganze Last der Realisierung und Leitung zu übernehmen. Es war, wie gesagt, schade. Eine solche Einrichtung hätte sicherlich dazu beigetragen, die Lage einer der unterdrücktesten sozialen Schicht zu heben, die in besonders starkem Maße den Unwägbarkeiten der lokalen, wetterbedingten, wirtschaftlichen und politischen Verhältnisse ausgesetzt war.

Die Einrichtung von Galeazza bekam indessen einen immer bedeutenderen Ruf. Die Zahl der Internatsschülerinnen stieg, und in bescheidenem Maß wuchs auch die Zahl der Schwestern. Zu

[18] Vgl. Briefe an Bresciani vom 11. und 24. Juli sowie vom 10. Oktober 1889, ACGB, P. Fondatore, L 2, Bd. 1, unter dem Datum.

Lebzeiten von Don Ferdinando kommt es jedoch zu keiner Ausweitung des Institus. Die erzieherische Zielsetzung der Gründung, das zum wichtigsten Auswahlkriterium bei der Auswahl der Kandidatinnen geworden war, so daß sie ein gültiges Lehrdiplom besitzen mußten, um aufgenommen werden zu können, begrenzte die Möglichkeit, sich über die Grenzen von Galeazza hinaus auszubreiten. Selbst die Anfrage des Erzpriesters von Finale, dort ein entsprechendes Institut einzurichten, wurde von Don Ferdinando wegen des Mangels an ausgebildeten Lehrschwestern abgewiesen[19].

Bei Baccilieris Tod am 13. Juli 1893 ist das Institut trotz aller Wertschätzung von weltlicher wie kirchlicher Seite doch immer noch beschränkt auf die Pflege der Menschen in der kleinen »bassa« von Bologna.

---

19 Dies geht aus dem Breif an Bresciani vom 9. Dezember 1888 hervor. Ebd., unter dem Datum.

IX. DER TOD DES GERECHTEN

Das Jahr 1893 begann mit unheilvollen Aussichten. Die Gründung schien zu schwanken. Man fürchtete um das Leben der Mutter Priorin, Schwester M. Luigia Busi, die schwer an Nierenentzündung erkrankt war, und um die Gesundheit Don Ferdinandos war man seines Alters wegen besorgt. In den ersten Monaten war er wiederholt bettlägerig und litt an Fieber, Husten, Bronchitis.

Die Situation verschlechterte sich noch im Mai, als die Ärzte bei einer Lungenentzündung kaum noch damit rechneten, daß er sie überwand. Dennoch erholte sich Baccilieri so weit, daß er am 30. Mai, dem Fest des heiligen Ferdinand, in der Lage war, ins Kolleg zu gehen und dort von Schwestern und Schülerinnen die Glückwünsche zum Namenstag entgegenzunehmen.

Im darauffolgenden Juni schien die Gefahr völlig gebannt. Don Ferdinando konnte mehrmals ins Kloster gehen, vor allem, um die Priorin zu besuchen, die ebenfalls an einer starken Bronchitis litt; am 9. Juli konnte er sogar in der Kirche die heilige Messe feiern, nachdem er einige Tage zuvor bereits wieder mit dem Beichthören angefangen hatte.

Hingegen hatte Gott anderes mit ihm vor; und vielleicht ahnte er selbst dies auch. Dafür sprechen ungewöhnliche, aber sehr bedeutungsvolle Gesten Don Ferdinandos am Abend des 12. Juli, einen Tag vor seinem Tod. Sie werden uns von den Schwestern überliefert, wie sie sie in der Chronik des Konvents aufgezeichnet haben. Vor allem schleppte er sich auch an jenem Abend für den üblichen Besuch zur Zelle der Priorin. »Bevor er jedoch ins Pfarrhaus ging«, schreibt Schwester M. Vittoria Nappi und gibt damit das unmittelbare Zeugnis der Augenzeugen wieder, ging er »ins Refektorium, um den Schwestern den Segen zu geben; der Reihe nach schaute er jede einzelne an, bemerkte, daß zwei fehlten, die er dann ebenfalls segnen wollte. Er hatte irgendetwas Geheimnisvolles, das alle sehr stark beeindruckte.« Damit nicht genug, »sagte er allen viele schöne Worte des Trostes und der Stärkung!!... und im Hinausgehen richtete er auf alle fest seinen Blick. Ach«, kommentiert sie, »dies war der letzte Augenblick, in dem er mit seinen Töchtern sprach!« Auf dem Rückweg in die Sakristei ging er durch die Kirche, sprach mit dem Küster Pietro Vaccari und zeigte sich »recht munter und zufrieden über den Fortgang der Restaurierungsarbeiten, die gemacht worden waren, vor allem bei der schönen Kapelle und dem Altar der Schmerzhaften Mutter«.[1]

In diesen letzten Gesten finden wir seine Mission und sein Erbe zusammengefaßt, wie sie sich in drei Begriffen fassen lassen:

Gründung — Pfarrei — Verehrung der Schmerzhaften Mutter.

An jenem Abend jedenfalls »sah alles gut aus, und diesen Tag haben wir glücklich beschlossen.« Wenn im übrigen niemand ahnen konnte, daß dies der letzte Abend seines irdischen Lebens sein würde, so hatte er wohl doch trotz der Plötzlichkeit seines Todes eine Vorahnung. Ihm war es zur Gewohnheit geworden, alle Handlungen mit einer gewissen Würde und als etwas Heiliges zu tun.

Sein Sterben

Der Morgen des 13. Juli 1893 beginnt für Don Ferdinando wie gewöhnlich. Nachdem er frühmorgens aufgestanden war, um der Feier der heiligen Messe die Meditation voranzustellen, spürt

---

[1] Vgl. M.V. Nappi, Memorie rigaurdanti il Servo di Dio, d. Ferdinando Baccilieri ricavate dai diari della rev.ma madre M. Luigia Bosi, 1865–1893 ACGB, Cronaca, cart. C, vol. unico, S. 86–89.

er gegen 3.40 Uhr plötzlich einen eigenartigen Schmerz. Er versteht, worum es sich handelt, aber findet noch die Kraft, sich an seinen Cousin Don Cesare Marchetti zu wenden und ihn zu bitten, zu seinem Zimmer zu kommen. Dieser erkennt an der Blässe des Gesichts und am Ton der Stimme den Ernst der Situation, kleidet sich irgendwie an und eilt zu ihm. Er findet ihn sitzend, wie jemand, der betet, die Hände auf den Knien gefaltet und den Blick fest auf das Betrachtungsbuch gerichtet. Kaum hat er die Zeit, ihm die Lossprechung und die Krankenölung zu geben, da stirbt Don Ferdinando, ohne noch ein Wort gesprochen zu haben, ein angedeutetes Lächeln auf dem Gesicht. Eine Aortenruptur mit starker Blutung, wie dann der Arzt auf dem Totenschein feststellt, hatte so plötzlich zu seinem Tod geführt. Es ist der 13. Juli 1893, vier Uhr morgens, ein Donnerstag. Don Ferdinando war 72 Jahre und zwei Monate minus einen Tag alt.

Sofort wird die Priorin verständigt. Die Schwestern hingegen, die nicht wissen, was vorgefallen ist, erwarten ihn in ihrer Privatkapelle zur Feier der Messe. Es schlägt fünf, es schlägt halb sechs und sechs; erstaunt über die Verspätung ohne erkennbaren Grund, begibt sich Schwester M. Teresa Cozzi zum Zimmer der Priorin. Sie ahnt, daß etwas Schlimmes geschehen sein muß, und bittet um Erlaubnis, zum Gründer zu gehen, um wenigstens seinen letzten Segen zu empfangen. Die Ehrwürdige Mutter teilt ihr die Wahrheit mit und betet mit ihr das Pater noster ...[2] Die Niedergeschlagenheit der Gemeinschaft ist groß. Die Mutter Priorin, ermattet vom Schmerz und um die Zukunft der Gründung besorgt — Don Ferdinando hatte keinerlei Hinweis auf seine Absichten hinterlassen —, findet dennoch die Kraft, ins Refektorium und in den Arbeitsraum hinunterzugehen und ihre Töchter zu trösten.

Der Landvikar, Mons. Amadei, wird informiert; mit folgenden Worten gibt er die Nachricht gleich an die Kurie von Bologna weiter:

---

[2] Vgl. Brief von Schwester M. Teresa Cozzi an Pater Pagliai vom 15. Juli 1893, AGOSM, cart. *Serve di Maria di Galeazza.*

»Mit größtem Schmerz muß ich Ihnen ... den plötzlich eingetretenen Tod von Pfarrer Don Ferdinando Baccilieri mitteilen.

Ich wurde sofort dorthin gerufen, wo ich mir die Verwirrung der Pfarrkinder und besonders des Klosters mit 30 Servitinnen und des Mädcheninternats mit ebenso vielen Schülerinnen vorstelle... Ich empfehle Ihrem Gebet diesen eifrigen und gelehrten Priester...«[3]Dann werden Telegramme an Pater Pagliai nach Rom und die Serviten von Monte Berico , an Bresciani und die Redemptoristen von Bussolengo und an alle geschickt, die irgendwie mit dem Verstorbenen und seiner Gründung verbunden waren. Alle sind schmerzlich betroffen.

Der Leichnam wird hergerichtet und »im Studierzimmer wie in einer Art Oratorium« aufgebahrt; dorthin kommen Schwestern, Zöglinge, Priester und Freunde; von Finale kommt Kanonikus Grossi, von Florenz Cavaliere Alessandro Falzoni Gallerani.

Man bereitet alles für die Beisetzung vor, die am nächsten Tag, Freitag, den 14. Juli stattfindet; »eine Beerdigung«, so schreibt Schwester M. Teresa Cozzi, »die für den Ort prachtvoll war. Die Bahre reich geschmückt, großer Zulauf des Volkes, zahlreicher Eucharistie-Empfang, zweiundzwanzig stille Messen, feierliches Amt« und Totenrede von Mons. Amadei vor dem Katafalk. Der herbe Verlust wird von allen beweint; man ist sich einig, daß hier ein Heiliger gestorben ist.

Seinem testamentarischen Willen gemäß wird Baccilieri auf dem Gemeindefriedhof von Galeazza beigesetzt. Den Sarg begleiten die Priester, die zum Hochamt eingeladen sind; andere schließen sich ihnen spontan an. Aus Cento sind viele hochgestellte Herren gekommen; dann folgen die Schwestern und die Internatsschülerinnen[4].

---

[3] Vgl. ACAB, Cancellaria ecclesiastica, 1893, tit. 2, fasc. 12, prot. 1154.

[4] Bedeutungsvoll ist die Grabschrift, die zu dieser Gelegenheit verfaßt wurde, in einfacher Form eine Vorwegnahme dessen, was Freunde und Mitbrüder zu der Feier dreißig Tage nach seinem Tod gestalteten. Ähnlich auch das Sonett von Don Filippo Balboni, dem Pfarrer der angrenzenden Gemeinde von Reno

Den unmittelbarsten Beweis dafür, daß man Baccilieri für einen Heiligen hielt, erhält man aus den spontanen Beileidsbriefen, die in jenem Moment geschrieben wurde, der durch das Unvermutete des Ereignisses noch tragischer erschien. Alle beweinen den Tod des Vaters, des Freundes, des weisen und klugen Ratgebers. Diese Briefe drücken Zuneigung, Wertschätzung und Dankbarkeit aus. Mädchen, die schon das Internat verlassen haben, schreiben, ebenso befreundete Priester und Ordensleute, Bekannte.

Don Ettore Malavolti übernimmt es, sofort die ersten Zeugnisse zu sammeln, um ein würdiges Bild des geliebten Paters herauszugeben; entsprechend sammelt Kanonikus Luigi Grossi Zeugnisse zur Gestaltung der Rede dreißig Tage nach Baccilieris Tod.

Obwohl man keine literarischen Ambitionen hat, erforscht und sucht man Zeugnisse, die das wahre Antlitz von Don Ferdinando zeigen. Unter allen ragt der bewegende und bedeutungsvolle Nachruf heraus, den Kardinal Parocchi an Pater Pagliai schickt. Wegen seines Ansehens bringen wir ihn so, wie er von Malavolti in seiner ersten Biographie wiedergegeben wird. Zunächst beantwortet der berühmte Purpurträger einige Fragen Pagliais, dann schreibt er:

»Sprechen Sie ebenso von der einzigartigen Wertschätzung, die ich für Don Baccilieri, diese schöne Seele, habe: ich habe viele fromme und eifrige Priester in der Diözese Bologna kennengelernt und schätze alle sehr; aber eine gottbegnadete Seele wie den Pfarrer von Galeazza habe ich nirgends kennengelernt. Er hatte nicht die übliche Frömmigkeit, sondern besaß eine besondere Heiligkeit, die bei ihm jedoch normal war, so wie man seine Ungezwungenheit erwartete. Ich habe mehrmals in ihm eine außergewöhnliche Klugheit festgestellt, gerade in Angelegenheiten, die

---

Centese, der in poetischer Form das tiefe Band dargstellt, das Baccilieri an Galeazza und dieses an seinen Hirten band. Vgl. Sum. doc., S. 668–669.

sehr viel Feingefühl verlangten. Er war eine große gotterfüllte Seele, ein Heiliger, und die Diözese von Bologna verliert in ihm einen beispielhaften Heiligen... Ich habe für Don Ferdinando immer eine wirklich einzigartige Hochschätzung genährt... Im Kern war er ein Pfarrer von Ars.«[5]

Unter der Leitung der Priester, die an Don Ferdinando die Gabe eines wahren Hirten, eines begnadeten Ratgebers, eines gelehrten, beispielhaften und unermüdlichen Kollegen und treuen Freundes aus der Nähe bewundert hatten, fanden am 17. August 1893 um acht Uhr morgens in der Kirche von Galeazza die feierlichen Exequien zum dreißigsten Tag nach seinem Tod statt. Hier sollte »öffentlich und glanzvoll ein Zeugnis der Liebe und Dankbarkeit für den gegeben werden, der mit Recht von sich sagen kann, daß er allen Gutes erwiesen hat: *pertransiit benefaciendo*«.[6]

Das Requiem wurde von Pater Giuseppe Bellucci als Vertreter des Servitenordens gesungen; Konzelebranten sind Pater Brugnoli und der Kaplan von Crevalcore. Zahlreiche Priester aus dem Dekanat, aus der Diözese von Modena und Ferrara nehmen teil; Don Francesco Pantaleo kommt eigens aus Venedig. Blumengirlanden, von den Herrschaften Gallerani und den Eltern der Zöglinge gestiftet, schmücken den Sarg, der auf den Seiten vier aussagekräftige Inschriften trägt. Kanonikus Grossi legt sie seiner Ansprache zugrunde, während Don Ettore Malavolti den Anwesenden die erste Biographie von Don Ferdinando austeilt.

Die ersten einflußreichen Zeugnisse

Wir sind verpflichtet, die ersten gedruckten Dokumente ins Licht zu stellen, die am Tage nach Baccilieris Tod herauskamen. Diese Dokumente bilden die Grundlage für eine historische Erinnerung, die nie abriß. Es handelt sich hier um die Totenrede und

---

5 Vgl. MALAVOLTI, a.a.O., S. 35.

6 Vgl. Rundbrief des Organisationskomintees vom 24. Juli 1893, ACGB, P. Fondatore, L I.

die erste Biographie; ihre Autoren sind, wie schon erwähnt, zwei Priester aus Modena, Luigi Grossi und Ettore Malavolti, enge Freunde von Don Ferdinando.

Grossi hielt seinen Nachruf am 17. August 1893 in Galeazza. Diese Rede ist wichtig wegen ihrer konkreten Darstellung, die sie mehr in die Nähe einer Biographie als einer Lobrede rückt. Sie entspricht dem rhetorischen Stil der Zeit, doch ihr Inhalt ist wahrheitsgemäß, weder übertrieben noch pompös. Unter Benutzung direkter Zeugnisse, die ihm zugänglich waren, stellt der Redner die bedeutendsten Züge von Leben und Werk Don Ferdinandos heraus und beleuchtet damit, chronologisch fortschreitend, jede Etappe seines Lebens. Er zeichnet einige Momentaufnahmen von Baccilieris pastoralem Wirken und bezeichnet ihn als einen Pfarrer, der »unermüdlich lehrte und den Katechismus beibrachte«, als einen »weisen und klugen Führer der Gewissen«, als einen »Seelenführer nach dem Herzen Gottes«, als »guten Vater« der Jugend, der er »Anfang und Ende seines heiligen Dienstes« widmete, als Gründer, der seine Töchter »die geheimsten Wege lehrte, die zum Berge Sion führen«[7]

Diesem Bild entspricht die Biographie des Freundes, Malavolti, die in erster Auflage zu jener Gelegenheit gedruckt, aber im folgenden September gleich wieder neu aufgelegt wurde, da sie bald vergriffen war. Ihre Absicht war es, wie der Autor in der Einleitung schreibt, »mit allen Kräften beizutragen, das Andenken dessen lebendig zu machen, der während seines ganzen Lebens eine verborgene Perle war, ohne Lärm viel Gutes wirkte und es deswegen verdient, daß alle, die ihn kannten und liebten, alle ihre Möglichkeiten einsetzen, um den Nachfahren seine Erinnerung weiterzugeben, zur Erbauung der Lebenden und derer, die nach uns kommen«.[8]

Für Malavolti war Don Ferdinando übrigens Vater, Freund und Ratgeber gewesen.

---

[7] Vgl. GROSSI, op. cit., S. 15 ff.

[8] Vgl. MALAVOLTI, a.a.O., S. 2

Aus diesen Schriften und aus anderen Zeugnissen geht jedenfalls klar der Eindruck hervor, daß Baccilieri im Rufe der Heiligkeit stand. Der unmittelbaren Zuneigung seiner Lieben entzogen, war er jetzt doch für sie Patron und Fürsprecher im Himmel geworden.

Der Jesuit Basilio Giudici schreibt aus der Romagna: »Ich möchte für seine Seele Fürsprache leisten in der heiligen Messe; aber ich gestehe, daß es mir schwer fällt und es mir viel leichter ist, ihn als Fürsprecher bei Maria anzurufen. So sicher bin ich, daß er sofort oder doch sehr bald in die Schar der Heiligen aufgenommen ist«.[9]

Und Pater Pagliai richtet an Mutter Busi zum Trost folgende Worte: »Nur Mut, Ehrwürdige Mutter, haben wir hier einen Freund verloren, so haben wir dort einen Fürsprecher gewonnen«.[10]

Denselben Gedanken wiederholt Malavolti: »Wenn er im Leben unser Freund war, muß er jetzt unser Vorbild sein, dem wir nacheifern, unser Fürsprecher, den wir anrufen«.[11]

Folge dieser allgemeinen Überzeugung sind außerdem die Anregungen, die selbst der Generalprior der Serviten, Pater Andrea M. Corrado, im Oktober 1893 der Kommunität von Galeazza gab: Sie sollten eine dreitägige Feier zur Allerheiligsten Dreifaltigkeit veranstalten, damit auf die Fürsprache von Don Ferdinando Mutter Priorin geheilt werde; weiter sollten sie — für einen künftigen Heiligsprechungsprozeß — die Andenken an den Gründer sammeln und aufbewahren, habe er doch schon zu Lebzeiten im Rufe der Heiligkeit gestanden. Diese Empfehlung wird 1897 von Pater Agostino Morini wiederholt, dem Postulator des Ordens, der

---

9 Vgl.Brief an Malavolti, 12. August 1893, in *Pos. intr.*, p.267.

10 Vgl. Brief an Mutter Busi vom 25. August 1893, ACGB, *Rapporti O.S.M.*, cart.I.

11 Vgl. Brief an Malavolti vom 2. September 1893, ACGB, *Rapporti O.S. M.*, cart. I.

offen von einem »normalen Prozeß über die Tugend Don Ferdinandos« spricht.[12]

Die folgenden Ereignisse erlaubten es der Gemeinschaft und der Pfarrgemeinde jedoch nicht, diesen Aspekt als erstes Ziel zu verfolgen. Der plötzliche Tod von Don Cesare Marchetti im Mai 1894 und der Tod von Mutter Luigia Busi im Juli 1896 stürzten Pfarrei und Ordensgemeinschaft in eine besonders schwierige und ungewisse Lage. Aber wenn auch der Diözesanprozeß hinausgezögert wurde, so blieben doch in den Menschen dieser Region die Erinnerung und der Ruf dieses heiligen Seelenhirten und Ordensgründers ununterbrochen präsent.

---

[12] Vgl. Brief Pater A. Corrados vom 29. Oktober 1893 an Schwester M. Teresa Cozzi und von Pater A. Morini vom 13. Oktober 1897, ACGB, *Rapporti O.S.M.*, cart. I.

X. WARTEN AUF DIE VOLLE ANERKENNUNG

Der Ruf der Heiligkeit, wie ihn Don Ferdinando zu Lebzeiten genoß und wie er im Augenblick seines Todes noch deutlicher zu Tage trat, nahm in bezeichnender Weise die anhaltende historische Erinnerung vorweg, welche sogar im Laufe der Zeit immer noch zunimmt.

Dies geschah im Laufe unseres Jahrhunderts, das den Anfang und die ersten Etappen jenes Weges verzeichnet, der mit Sicherheit zu einer offiziellen Anerkennung durch die kirchliche Autorität führen wird.

Deshalb ist es eine Pflicht, dieses Werk nicht abzuschließen, ohne auf den Seligsprechungsprozeß und auf die außerordentlichen Gnaden einzugehen, die auf die Fürsprache von Don Baccilieri erwirkt wurden.

Da Don Ferdinando so sehr geschätzt wurde und als Heiliger galt, würde man erwarten, daß sehr bald ein normaler Prozeß in Gang gesetzt wurde. Hingegen wartete man bis 1927, das heißt vierunddreißig Jahre nach Don Ferdinandos Tod, und dann zog er sich so in die Länge, daß er erst 1961 abgeschlossen wurde, also nach ebenfalls vierunddreißig Jahren.

Die Verzögerung des Beginns hängt mit der besonderen Situation des Konvents in Galeazza am Tag nach dem Tod des Gründers zusammen. Daß er sich dann so in die Länge zog, lag hingegen gewiß nicht an der notwendigen Prüfung der Texte, sondern eher an einer langen Unterbrechung, nämlich von November 1932 bis 1957; diese war — außer durch den Krieg — durch den Tod des Richters und anderer Gerichtsmitglieder bedingt.

Wenn auch direkt auf bürokratischer Ebene nichts geschah, so wurde doch vieles im Konkreten, informell getan. Der Ruf der Heiligkeit des Pfarrers von Galeazza, nahm keineswegs ab, sondern festigte sich im Laufe der Jahre noch, und sein Grab wurde immer häufiger Ziel von Wallfahrten. An ihn wandte man sich mit den eigenen Gebetsanliegen.

Diese Dinge konnten dem Ohr des Hirten der Diözese nicht verborgen bleiben. Angezogen von der *vox populi*, ordnete Kardinal Giovanni Battista Nasalli Rocca demgemäß bei seinem Pastoralbesuch 1924 die Überführung des wohlverdienten und frommen Priesters vom Friedhof in die Pfarrkirche an. Dies entsprach seinem Wunsch, die Frömmigkeit und Bindung der Gläubigen an ihren ehemaligen Hirten zu stärken. Exhumierung und Übertragung fanden in feierlicher Form im Mai 1925 statt[1].

Dies war der erste Schritt. Später, 1927, beginnt der Kardinal auch den diözesanen Kanonisierungsprozeß; er überträgt dem Jesuiten Nicola Risi die Niederschrift einer Biographie, die in angemessener und erschöpfender Weise Leben und Wirken dieses »Ruhms des Klerus von Bologna« illustrieren soll.

Diese Ereignisse waren von nicht wenigen Gnaden und als Wunder betrachteten Geschehnissen begleitet, die man der Fürsprache des Dieners Gottes zuschrieb; man wandte sich an ihn mit besonderen Gebetsformeln, die vom örtlichen Ordinarius approbiert waren.

Auch wenn wir jede diesbezügliche Bewertung beiseite lassen, möchten wir doch darstellen, wie der erste Teil dieses diözesanen Prozesses auf der Untersuchung von Texten aufbaute, die sich mit einigen bedeutenden Heilungen befaßten: der Heilung von Ida Govoni, die an Halswirbelentzündung litt; von Schwester M. Filippina Pivetti, der Generalpriorin der Kongregation, die einen geschwürig aufgebrochenen Tumor auf der linken Wange hatte; des jungen Alfredo Govoni aus Dodici Morelli, der quer-

[1] Die Leiche wurde auf dem Friedhof ausgegraben und ins Zentrum der Pfarrkirche überführt, in den Boden vor dem Presbyterium.

schnittsgelähmt und ohne Aussicht auf Gesundung war; von Malvina Cristofori aus Pieve di Cento, die an Wirbelentzündung litt[2].

Wunderbare Heilung erfahren auch Schwester Angelica Grigi 1934 und Schwester M. Augusta Tonin 1943 [3].

1957 wird dann der Diözesanprozeß wiederaufgenommen, als dessen Krönung Kardinal Giacomo Lercaro die zweite Exhumierung und Umbettung der sterblichen Reste des Diener Gottes verfügt[4].

Diese Zeit sei auch wegen der Biographie des Servitenpaters Gabriel Roschini erwähnt; er nimmt einen Ausspruch von Kardinal Parocchi auf und führt, davon ausgehend, einen Vergleich mit dem heiligen Pfarrer von Ars durch, um dem Volk und dem Klerus einen beispielhaften Christen und Pfarrer vorzustellen[5].

Zwei weitere erstaunliche Ereignisse dierser Zeit werden der Fürsprache des Dieners Gottes zugeschrieben. Sie ereignen sich 1963 in Modena und betreffen die Heilung von Ivano Gianferrari von einem akuten Bauchleiden sowie die Heilung von Adriano

---

[2] Eine erschöpfende Auflistung kann jedenfalls in den veröffentlichten Biographien von Baccilieri gefunden werden, in denen die Autoren nachweisen, daß sie sich auf Augenzeugenberichte und Erklärungen von Geheilten, Ärzten oder Verwandten stützen. Vgl. Risi, a.a.O., S. 515–545; E. Rubbiani, Un parroco santo. Il Servo di Dio don Ferdinando Baccilieri, Parroco di Galeazza Pepoli (Bologna) — Fondatore delle suore Serve di Maria Addolerata, Modena 1938, S. 61–71; G. Roschini, »Un curato d'Ars in compendio« il Servo di Dio Ferdinando Maria Baccilieri, Parroco fondatore delle suore Mantellate Serve di Maria di Galeazza Pepoli, Roma 1957, S. 190–194.

[3] Die beiden Fälle werden in den Berichten beschrieben, die die Geheilten selbst verfaßt haben: vgl. Sum. doc., S. 905–910.

[4] Die zweite Überführung erfolgt im November 1959; die Gebeine Baccilieris wurden endgültig in einem Marmorsarkophag beigesetzt, der in der ersten Seitenkapelle rechts beim Eingang in der Pfarrkirche von Galeazza seine Aufstellung fand.

[5] Bei seinem vorgeschlagenen Vergleich mit dem Pfarrer von Ars vergißt Roschini jedoch nicht die beachtlichen Unterschiede zwischen den beiden hervorragenden Gestalten zu unterstreichen. Er sagt: »Allgemein kann man sagen, daß der Pfarrer von Ars (wegen der Wunder, die sein Leben zierten) eher bewundernswert als nachzuahmen war; der Pfarrer von Galeazza hingegen ist in der Einfachheit seines Lebens eher nachzuahmen als zu bewundern. Man kann ihn nachahmen: immer und in allem.« Vgl. Roschini, »Un curato d'Ars in compendio…«, S. 8.

Bonetti von postoperativen Komplikationen. Wegen dieser beiden Fälle wurde nach dem Willen des damaligen Erzbischofs von Modena, Mons. Giuseppe Amici, der Diözesanprozeß eingeleitet, um die Zeugnisse der Geheilten, der Verwandten, der Ärzte und Krankenschwestern angemessen zu erforschen und zu sammeln[6].

Nachdem der informative Diözesanprozeß im Dezember 1961 abgeschlossen war, wurde die Dokumentation der Kongregation für die Kanonisierungen für weitere Maßnahmen zugeleitet.

In chronologischer Reihenfolge gab es folgende Etappen: im Jahre 1966 wurden, wie man zu sagen pflegt, die Schriften des Diener Gottes approbiert; 1973 wurde die *Positio super Causae introductione* fertiggestellt, die im ordentlichen Kongreß der Kongregation am 28. November 1978 diskutiert wurde. Infolgedessen wurde das Dekret über die Einleitung des Falls mit Datum vom 19. Januar 1979 erlassen.

Nachdem dort festgestellt wurde, daß die vorhandenen Dokumente zum Nachweis der Außerordentlichkeit des Lebens von Baccilieri nicht ausreichten, wurden ergänzende Nachforschungen angestellt; sie wurden von 1981–1988 unter der Leitung des Historischen Büros dieses Ressorts durchgeführt.

Damals wurde ein genau detaillierter Plan ausgearbeitet, nach dem man versuchte, den einzelnen Etappen des Lebens von Baccilieri Schritt für Schritt nachzugehen; daraus ergaben sich nützliche Elemente, um die Gestalt dieses Pfarrers aus der Emilia genauer zu zeichnen. Alles aufgefundene Material wurde also im *Summarium documentorum* gesammelt und der vorgenannten *Positio* beigefügt[7].

Augenblicklich ist man nach dem einstimmig positiven Urteil der historischen Berater vom 7. Juni 1988 in Erwartung der Erklärung des Heiligen Stuhles über den heroischen Grad der Tugend; auch untersucht man in Modena einen weiteren Fall von

---

[6] Die beiden Fälle werden kurz referiert in Sum. doc., S. 910–920.

[7] Die Sammlung und Niederlegung wurde von Mons. Giovanni Papa besorgt, dem Generalberichterstatter der Kongregation für die Heiligsprechungen, unter Mitarbeit von Schwester M. Grazia Luccetta: vgl. Sum. doc., Informatio, S. XI–XII.

wunderbarer Heilung auf die Fürsprache des Diener Gottes. Wir möchten wünschen, daß es der Beweis des Himmels für das heiligmäßige Leben von Don Ferdinando ist, die notwendige Bestätigung zur Seligsprechung und zum glücklichen Abschluß des langen Weges.

Anhang

EIN CHARISMA FÜR DIE ZUKUNFT

Der Same, den Don Ferdinando ins Erdreich geworfen hatte, sollte im Laufe der Zeit weitere Frucht bringen. Obwohl nach dem Tod des Gründers die Kongregation von einer Krise geschüttelt wurde, war die Pflanze doch zum Überleben und zur Ausbreitung der eigenen Zweige bestimmt. Die Beschreibung der Entwicklung der Kongregation von Galeazza, ihrer Festigung und Ausbreitung ist folglich eine notwendige Ergänzung dessen, was bisher vorgestellt wurde.

Sein Sprößling

Der Begriff »Monasterium«, wie er für den Konvent der Dienerinnen Mariens von Galeazza verwendet wird, muß im historischen Umfeld der Zeit verstanden werden, die im 19. Jahrhundert religiöse Frauengruppen so bezeichnete, die in Gemeinschaft lebten und im besonderen die Häuser des weiblichen Zweigs des Servitenordens. Im übrigen war die Bezeichnung »mantellate« (einen Umhang tragend) seit dem 13. Jahrhundert mit den Schwestern der Bettelorden verbunden, und im Gebrauch dieses Begriffes zeigt sich das fast natürliche Band, das sich zwischen dem Institut von Galeazza und dem männlichen Zweig des Ordens herausgebildet hatte.

Die natürliche Entwicklung der Gruppe vom weltlichen Dritten Orden der Serviten zu einer echten Ordensgemeinschaft gab daher zu Lebzeiten von Don Ferdinando niemals Gelegenheit zu einem offiziellen Anschluß an den Orden, wie es hingegen bei anderen Kongregationen der Fall war, die in derselben Zeit entstanden. Der Generalprior hatte »ihm freie Hand gegeben, zu schalten und zu walten, wie es ihm am besten schien«. Die Möglichkeiten und Vollmachten, die Baccilieri vom Generalprior bekommen hatte, führten ihn außerdem dazu, sich um die offizielle Jurisdiktion in der Diözese nicht groß zu kümmern[1].

Das Zivilrecht der Zeit verhinderte die Einrichtung religiöser Gemeinschaften oder monastischer Bruderschaften, ließ aber zu, daß Menschen, vor allem aus Gründen der Wohltätigkeit, zusammenlebten, soweit dies keinen moralischen Schaden verursachte, noch die öffentliche Ordnung störte oder gegen staatliche Gesetze verstieß[2].

Man versteht daher, warum Mons. Antonio Amadei, Landvikar von Cento, im Schreiben an den Generalvikar von Bologna am Tag nach Baccilieris Tod bestätigt, er habe den Servitinnen von Galeazza immer empfohlen, sie sollten »sich als einen privaten Zusammenschluß ansehen, da sie vor der Regierung so ausgegeben worden seien, falls irgendwelche Untersuchungen kämen, weil sie als regelrechtes Kloster erschienen«[3].

Der plötzliche Tod des Gründers und der private Charakter des Instituts waren Ursache für die Situation der Unsicherheit und des Leidens, die die Kommunität von Galeazza von 1893–1899 durchstehen mußte; diese Lage machte die Notwendigkeit der kirchenrechtlichen Anerkennung der Gründung immer dringender

---

1 Vgl. Brief von Schwester M. Luigia Busi an Pater Pagliai vom 16. März 1894, AGOSM, cart. Serve di Maria di Galeazza, unter dem Datum.

2 Die Situation wird in der Untersuchung beschrieben, die von der Präfektur in Bologna gerade in dieser Zeit gemacht wurde, um die Existenz der ersten Kerngruppe der Minime dell'Addolerata nachzuweisen, die von S. Clelia Barbieri in Budrie gegründet wurden. Vgl. Gherardi, a.a.O., S. 78–84.

3 Vgl. Brief Amadeis an das Generalkapitel von Bologna vom 14. Juli 1893, ACAB, Cancelleria ecclesiastica, 1893, tit. 2, fasc. 12, prot. 1154.

und offensichtlicher. Im übrigen hatte die Wertschätzung, die Baccilieri seitens der verschiedenen Bischöfe genossen hatte, die einander in der Leitung abgelöst hatten, wie auch die Unmöglichkeit, seine Gemeinschaft direkt unter die Jurisdiktion des (Serviten-)Ordens zu stellen — der neue Ansatz entsprach nicht den kirchenrechtlichen Kategorien der Zeit —, Baccilieri veranlaßt, sich blind dem Vertrauen auf die göttliche Vorsehung zu überlassen; durch Pius IX. war ihm ja geraten worden, zu seinen Lebzeiten die Kommunität in dem Zustand zu lassen, wie sie war[4].

So kommt es also, daß die Schwestern bei Baccilieris Tod ohne eine eigene juridische Identität sind; sie fühlen sich allein, ohne eine Stütze, vom örtlichen Klerus behindert, von der diözesanen Autorität nicht verstanden und ungünstig beurteilt; sie haben den schmerzlichen Eindruck, daß auch der Orden der Serviten sich nicht genug zu ihrer Hilfe und Unterstützung einsetzt. Die Prüfung, der die Kommunität ausgesetzt ist, ist furchtbar hart, auch weil zwischen ihr und der Diözesanleitung in Bologna Spannungen aufkommen[5].

Innerhalb des Instituts fällt in den Jahren von 1893–1896 die Last der Verantwortung auf die Priorin und Mitgründerin Schwester M. Luigia Busi zurück, deren ohnehin schwache Gesundheit dem Druck der Unsicherheiten und Leiden nicht standhält. Mehr als jede andere fürchtete sie, daß Don Ferdinandos Werk zugrunde gehen oder seine Identität verändern könnte. Das vertraute sie Schwester M. Teresa Cozzi ganz klar mit den folgenden Worten an: »Ja, Gottes Wille soll geschehen, doch glaub mir, wenn das Institut Veränderungen durchmachen sollte, dann würde ich

---

4 Vgl. »Cenni storici...«, ms.c.

5 Die Dokumentation beschreibt mit vielen Einzelheiten das Leiden der Schwestern, die im Streit lagen zwischen dem Wunsch, direkt vom Servitenorden abzuhängen, und den Direktiven der Diözese, die nach dem geltenden Kirchenrecht das neue Institut unter die Jurisdiktion des örtlichen Pfarrers stellte. Die bürokratischen Praktiken zogen sich hinaus und verursachten gegenseitige Mißverständnisse. Vgl. Sum. doc., S. 779–805.

mich dem beugen, aber das kostete mich das Leben.«[6] Klar, daß ihr vorzeitiger Tod am 31. Juli 1896 den Zustand der Verwirrung und des tiefen Zweifels noch verschärfte, ja fast das Gefühl der endgültigen Katastrophe der Gemeinschaft auslöste.

Das erfaßte der damalige Generalprior, Pater Pagliai, durchaus; am 14. September notierte er in seinem privaten Tagebuch: »Die armen guten Schwestern, die doch so gequält sind. Die Schmerzhafte Mutter möge mir beistehen, daß ich ihnen Gutes tun und das Werk ihres frommen und heiligen Gründers, Don Ferdinando Baccilieri, retten kann.«[7] Pagliai war im übrigen der Auffassung, Mutter Busi habe ihr Leben für das Fortbestehen des Instituts aufgeopfert[8].

Schwierigkeiten eines Weges

Um das Ausmaß der Leiden dieser Zeit zu verstehen, ist es gut, kurz zusammenzutragen, was sich in diesen Jahren abspielte.

---

[6] Vgl. Brief der Cozzi an Pagliai vom 28. Juli 1896, AGOSM, Epist. PP.Gen., II,45/87.

[7] Auf die Nachricht vom Tod der Priorin Busi hatte Pagliai eingetragen: »Aus Rom bekomme ich die traurige Nachricht vom Tod der Mutter Priorin von Galeazza, einer Frau von hoher geistlicher Gesinnung, Gründerin jenes Klosters unserer Terziarinnen, wirklich ein wohlduftender Garten unseres heiligen Ordens. Mein Gott, um der Schmerzen Eurer Mutter willen, schützt und verteidigt die Euch Vermählten, sind sie doch in dieser Zeit härtester Prüfungen Waisen ohne Mutter geblieben.« Vgl. AGOSM, fondo Pagliai.

[8] Dies vertraut er der Cozzi mit folgenden Worten an: »Wer weiß, ob die gute Mutter ihr Leben nicht Gott angeboten hat für das Leben dieses Klosters, und da der Herr geruht hat, es anzunehmen, können wir ziemlich hoffen. Ich weiß nicht, was zwischen ihr und Jesus vor sich ging, aber als ich von ihrer Krankheit erfuhr, durchzuckte mich der Gedanke, ob sie ihm nicht nur ihre Leiden und Entbehrungen angeboten hat, sondern auch das Leben selbst, für das Wohl und die so ersehnte Ruhe des Klosters nach der Absicht des frommen Gründers. Wenn das zuträfe, wäre ihr Opfer angenommen worden, und müßte das nicht unser Herz für die Hoffnung öffnen? Ich meine, ja. Wie dem auch sei, neigen wir unser Haupt vor dem Willen Gottes, verharren wir regungslos am Fuß des Kreuzes mit der Schmerzhaften Mutter, und haben wir keine Furcht.« Vgl. Brief an Schwester M. Teresa Cozzi vom 12. August 1896, ACGB, Rapporti O.S.M., cart.I.

Beim Tod des Gründers mußte Schwester M. Luigia Busi, die Priorin, nicht nur die Verantwortung für den ganzen Konvent auf sich nehmen, sondern auch erkennen, wie heikel und instabil dessen Situation kirchenrechtlich war. Sie selbst und mit ihr die ganze Gemeinschaft fühlten sich tief den Serviten verbunden, »wie der Rebzweig mit der Rebe«, waren sie doch aus dem Dritten Orden entstanden und hatten Regeln und Konstitutionen der Servitinnen von Rom übernommen. Die Möglichkeit einer Veränderung der institutionellen Ausrichtung war daher für sie völlig unvorstellbar.

Auf die Anregung des Franziskanerpaters Arcangelo Frabetti wendet sich die Priorin daher im September 1893 an die Kongregation für die Bischöfe und die Ordensleute mit der Bitte, daß das »Monasterium« direkt dem Generalprior der Serviten unterstellt werde. Das Schreiben wird von einer einflußreichen Empfehlung des päpstlichen Vertreters und Schutzherrn des Servitenordens, Kardinal Lucido M. Parocchi, begleitet.

Auch bei dieser Gelegenheit holt Rom wie gewöhnlich die Meinung der Diözese Bologna wegen ihrer Verdienste um die entstehende Kongregation ein; dies bezeichnet den Beginn der offiziellen Beziehungen zwischen der Kurie von Bologna und der Gemeinschaft von Galeazza.

Die Kontakte geschehen durch den erzbischöflichen Kanzler, Mons. Zanasi, dessen Starre die schon schwierige Situation verschärft. Im Dezember 1893 begibt er sich nach Galeazza und vertritt den Schwestern gegenüber eine recht harte Haltung[9]. Das waren nun wirklich nicht die besten Voraussetzungen zu einer

---

[9] Schwester M. Teresa Cozzi, die Sekretärin des Konvents, beschreibt die Begegnung mit ihm in einem Brief an Pater Pagliai: »Als dieser Monsignore also kam, begann er in einer keineswegs vertrauenerweckenden Art zu sagen, wir seien eine einfache Versammlung von Frauen; die Gelübde hätten privaten Charakter; die Regeln: nichts; die Ermutigungen, der Schutz der Erzbischöfe: nur Worte; und in der Art weiter bis hin zu der Versicherung, daß überhaupt nicht zugunsten unserer Bitte spreche. Letzten Endes schlug er uns vor, entweder völlig vom Orden abzuhängen oder völlig vom Erzbischof: das eine ließe sich absolut nicht mit dem anderen verbinden.« Vgl. Brief an Pagliai vom 31. Dezember 1893, AGOSM, cart. Serve di Maria di Galeazza, unter dem Datum.

erfolgreichen und konstruktiven Zusammenarbeit. In Bologna war damals Sedisvakanz. Nach dem Besuch stand es demnach dem Kapitularvikar, Mons. Nicola Zoccoli, zu, einen umfassenden Bericht über den allgemeinen Stand der Lage zu verfassen. Im Februar 1894 wird der Bericht nach Rom geschickt[10].

Auf sein grundsätzlich positives Votum antwortete die Kongregation jedoch mit einem endgültigen »Nihil esse innovandum«[11].

Im Januar 1894 trifft jedoch der neue Oberhirte der Diözese in Bologna ein, Kardinal Domenico Svampa. Ihm ist die Gemeinschaft ein Anliegen, er besucht sie im Oktober desselben Jahres, stützt die Priorin und die Schwestern. Außerdem setzt er sich persönlich dafür ein, die direkte Abhängigkeit des Klosters vom Serviten-Orden zu erreichen. Dies ließen jedoch die kanonischen Gesetze über moderne Kongregationen nicht zu; folglich mußte man das Haupt beugen und die Abhängigkeit von der Diözesanautorität hinnehmen, auch wenn die Bindung an den Orden der Verwirklichung derselben Spiritualität fortbestand. Dieser Schritt hat lange Zeiten des Wartens auf der bürokratischen Ebene und viele Leiden der Schwestern auf geistlicher, menschlicher und psychologischer Ebene zur Folge.

---

[10] Dies ist ein einflußreiches Dokument voller Einzelheiten, die die Ereignisse jener Jahre ins rechte Licht rücken. Hierin wird Baccilieri gelobt und die nie erfolgte Anerkennung wird mit dem »großen Vertrauen zu dem Gründerpfarrer« gerechtfertigt; Leben, Dienst und Zeugnis der Kommunität werden beschrieben und ihr Ansehen und Verdienste bescheinigt; unterstrichen wird die Furcht der Schwestern, dem Geist, den der Gründer gewollt habe, nicht treu bleiben zu können, wenn sie direkt in die Abhängigkeit des Ortspfarrers gestellt würden. Als letzter legt Mons. Zoccoli seine Ratlosigkeit gegenüber einem endgültigen Urteil dar: wenn er einerseits die Kommunität nicht verstimmen und leiden lassen möchte, so unterwirft er sich zum andern dem Urteil der Kongregation und möchte ein »so gut geordnetes Ordenshaus« nicht der Autorität der Diözese entzogen sehen und noch weniger vom neuen Erzbischof getadelt werden, »er habe es seiner unmittelbaren Jurisdiktion entfliehen lassen«. Aufbewahrt im geheimen Vatikan-Archiv, S.C. Episc. et Regul., Abteilung Ordensfrauen, Januar 1897, prot. 30580/13.

[11] Ebd.

Mons. Zanasi besucht nochmals Galeazza, die Schwierigkeiten nehmen zu und ebenso die gespannte Beziehung[12].

Pater Pagliai, der über das Vorgefallene informiert wurde und sich über die Haltung wunderte, die im Gegensatz zu der dem Kardinal eigenen Dialogbereitschaft stand, konnte nicht anders als sich auf die Seite der Kommunität stellen[13].

Der Zustand der Priorin verschlechterte sich unterdessen. Am 29. Juli 1896 hilft auch das Chinin nicht mehr, um das hohe

---

[12] Das Tagebuch des Konvents beschreibt unter dem Datum des 8.Juni 1896 die Situation des Konvents in dieser Zeit und das daraus sich ergebende Leiden der Mutter Busi am Vorabend ihres Todes:»Um 9 Uhr ist Mons. Zanasi angekommen; der Kardinal hat ihn gesandt, um über die kirchenrechtliche Gründung unseres Klosters zu sprechen. Besagter Monsignore hat die Kopie des Antrags auf kirchenrechtliche Gründung diktiert; sie ist so formuliert, daß wir uns wirklich ganz vom Orden lösen müßten und völlig abhängig wären vom Pfarrer, ohne daß der Genral(prior) irgendein Recht über uns hätte, noch die Regeln revidieren könnte. Einstimmig haben die Schwestern gesagt, daß sie sich nicht imstande fühlten, sich vom Orden zu trennen (was ja auch der Absicht und dem Wunsch unseres Gründers widerspräche), deshalb baten sie den Kardinal um Zeit, damit der Hochwürdige Herr General besser zu Rate gezogen werden könne. Mons. Zanasi war nicht zufrieden und hätte gewünscht, daß man sagte, was er wollte. Auch bei dieser Gelegenheit«, bemerkt die Chronistin, »hat man die offensichtliche Unterstützung unseres Pater Konrektors gespürt, denn er allein konnte dafür sorgen, daß keine Schwester unentschlossen, noch niedergeschlagen war, selbst als Mons. sagte, daß wir, wenn wir so blieben wie wir sind, dem Kleid nach Schwestern wären, aber unsere Gelübde keine Geltung hätten.« Vgl. Tagebuch, ACGB, Cronaca, cart. C, vol. 8, unter dem Datum.

[13] Das Geschehene kommentierte er folgendermaßen: »Um die Wahrheit zu sagen, mich verwundert die von Mons. Zanasi eingenommene Haltung. Aus den wenigen Worten des verehrten Erzbischofs über dieses Kloster glaube ich alles andere zu verstehen als das, was der obengenannte Mons. Zanasi gesagt hat. Habe ich mich getäuscht? Das bezweifle ich. Sicher dürfen sie sich in keiner Weise selbst umbringen noch sich in etwas ganz anderes verwandeln als was sie sind. .. Genug, geliebte Mutter, es ist eine Prüfung, die der gute Gott ihnen zumutet. Ich gestehe, die Prüfung ist hart, aber der, der sie zuläßt, wird auch die Kraft geben, sie zu bestehen. Verlieren wir nicht den Mut... Ich will mein Möglichstes tun, daß, falls die volle und ganze Jurisdiktion des Pfarrers bleibt, diese Gründung doch auch bleibt, was sie ist, und weder umgewandelt, noch so reduziert wird, daß sie nur noch ein Skelett der Servitinnen ist.« Vgl. Brief an Mutter Busi vom 22. Juni 1896, ACGB, Rapporti O.S.M., cart. I, unter dem Datum.

Fieber zu senken. Lungenentzündung und Nierenentzündung lassen wenig Hoffnung auf Gesundung. Am 30. wird ihr die Krankensalbung gespendet; man hofft nur noch auf ein Wunder, weil menschliches Vermögen hier nichts mehr schafft. Da das Fieber auf 40 Grad gestiegen ist, bleibt der Arzt selbst die ganze Nacht am Krankenlager. Am 31. um neun Uhr zeigen sich die ersten Symptome einer Herzlähmung, und um 10.20 Uhr stirbt sie ganz ruhig. Ihr Tod läßt die Schwestern in größter Bestürzung.

Für den Übergang übernimmt die Stellvertreterin, Schwester M. Alfonsina Gelain, die Leitung; sie bekennt dem Generalprior im Namen der Kommunität ihre Bereitschaft, »alles anzunehmen, ob es süß sei oder bitter«, was der Herr durch die Oberen von ihnen verlangen werde.

Am folgenden 27. Oktober findet das Kapitel aller Profeßschwestern statt, um eine neue Mutter Priorin zu wählen. Den Vorsitz des Kapitels hat Pater Pellegrino M. Stagni, der zukünftige General des Ordens und spätere Bischof. Die Wahlschwestern sind zwanzig: nach Auszählung der Stimmzettel ergibt sich die Wahl von Schwester M. Teresa Cozzi mit 15 Stimmen.

Ihr kommt es zu, demütig und klug den Konflikt des Instituts in jenen Jahren beizulegen. Fügsam gegenüber dem weisen Rat des Generalpriors, Pater Giovanni Angelo Pagliai, und unter der väterlichen Führung des Erzbischofs von Bologna, Kardinal Svampa, versteht sie es, die ganze Gemeinschaft zum Gehorsam und damit zur Annahme der Abhängigkeit vom Ortspfarrer zu führen; so vermeidet sie bedauerliche Folgen und Risse unter den Schwestern.

Immerhin dauert es bis zur Anerkennung der Kongregation in der Diözese noch drei Jahre, in denen als erster Schritt die Überarbeitung des Konstitutionstextes notwendig ist.

Mit großem psychologischem Einfühlungsvermögen vertraut Kardinal Svampa diese Überarbeitung dem Servitenorden an; er glaubt, damit den Schwestern einen Gefallen zu erweisen. Mit der Aufgabe betraut wird Pater Andrea M. Corrado, ehemaliger Generalprior, Freund Don Ferdinandos und von der Kommunität in Galeazza geschätzt. Er erfüllt sie behutsam mit großem Verantwortungsbewußtsein gegenüber dem Werk und mit einzigartiger Achtung vor seinem Gründer[14].

Der neue modifizierte Text wird also der Bewertung eines erzbischöflichen Gutachters vorgelegt, der befindet, er enthalte »nichts, was des Tadels und der Zensur wert« wäre, und ihn der Autorität der Diözese zur Approbation vorlegt. Am 21. November 1899 endet mit der Approbation der Konstitutionen die Lebensphase des »Monasteriums«; es beginnt die dözesane Kongregation der Dienerinnen Mariens (Servitinnen) von Galeazza.

Entwicklung der Kongregation

Domenico Svampa, ein tiefer Kenner des Ordenslebens und erfahren in der geistlichen Führung, stellt für die entstehende Kongregation den Garanten der Gesetzgebung dar; darüberhinaus trägt er mit seinen Weisungen auch zu ihrer Verbreitung bei. Da er in der Ausbreitung des kleinen Samens eine Garantie dafür sieht, daß das Charisma weiterlebt, gibt er der Gemeinschaft eine nach außen gerichtete Prägung. Als Vater begibt er sich gern nach Galeazza; wiederholt trifft er sich mit der Priorin und der Kommunität und drängt sie recht bald, die Zweige über die Grenzen jener Pfarrei auszustrecken. Schwester M. Teresa Cozzi, von 1896 bis 1905 und von 1908 bis 1912 Priorin, erwägt als Hüterin des charismatischen Erbes von Don Ferdinando und Mutter Busi jeden Vorschlag oder jede Initiative im Gebet und in tiefer Gewissensentscheidung.

---

[14] Am 16. November schreibt er bei der Übergabe des abgeänderten Textes an Mutter Cozzi: »Wenn mich bei meinem Schreiben diese schöne Seele Don Ferdinando gesehen hätte, wer weiß, wie er sich amüsiert hätte! Gewiß hätte er ausgerufen: 'Was hat denn dieser Dummkopf mit meiner Arbeit vor?'Ich habe«, fährt er fort, »ganz gewiß nicht die Absicht gehabt, das Werk dieses Heiligen zu korrigieren, sondern wollte nur die Hinzufügungen und Abänderungen machen, die seine Approbation erleichtern; und so glaube ich«, schließt er, »wie auch immer mein Werk sei, dessen wird er mich nicht tadeln und wenigstens Ziel und Absicht billigen, auch wenn es nicht gelungen wäre wie es sein sollte.« Vgl. ACGB, Rapporti O.S.M., cart. I, alla data.

Im übrigen hatte schon 1896, als sie eingeladen wurden, in Cento ein ähnliches Kolleg und Konvikt wie in Galeazza zu eröffnen, Mutter Busi diese Anfrage dem Generalprior vorgelegt, weil sie Sorge hatte, man könne die besondere Prägung verlieren. Die beruhigende Antwort, die Pater Pagliai bei dieser Gelegenheit gegeben hatte, dient nun der Cozzi und der Gemeinschaft als Leitlinie für künftige Entscheidungen[15].

Die Zeit der lichtvollen Leitung der Cozzi bezeichnet also, mit Unterstützung des Bischofs, eine langsame, aber fortschreitende apostolische Ausbreitung, vor allem im weiten Sinn[16]. Am 18. März 1903 begeben sich Schwestern in die Diözese Modena und eröffnen eine Gemeinschaft in Fiumalbo, einem Bergdorf zu Füßen des Cimone im Appennin bei Modena, wenige Kilometer von der Grenze zur Toskana. Die anfänglichen Schwierigkeiten in der Zusammenarbeit mit einer Lehrerin, die nicht im Orden ist, führen jedoch dazu, daß sich die Schwestern 1906 aus dem Ort zurückziehen. Nachdem auch dank der Mitarbeit des neuen, vom Erzbischof ernannten geistlichen Beraters, dem Servitenpater Amadeo M. Brugnoli, die Situation geklärt ist, kann die Kommunität endgültig am 3. März 1910 dorthin zurückkehren.

1904 erfolgt die Gründung in Cento, da aber keine finanzielle Unterstützung erfolgt, wird sie wieder geschlossen und das

---

15 Er schreibt: »Ich kann nicht leugnen, daß der Ruf nach Cento eine gute Sache ist, und Ihr habt gut daran getan, Euch diese Gelegenheit nicht entgehen zu lassen. Gemeint ist -das Folgende unterstrichen —, daß sie für Cento nicht Galeazza aufgeben dürfen, das Gründungskloster ist, natürlich ist dies als heilig anzusehen; aber die Ausbreitung tut nur gut.... Natürlich müßt Ihr Euch gut mit der kirchlichen Obrigkeit absprechen, damit alles geordnet und mit dem Segen Gottes geschieht...« Abschließend schreibt er: »Ich lege Ihnen ans Herz, daß auch in Cento der Geist des Ordens bewahrt wird und alles und in allem nach der Regel gelebt wird wie in Galeazza, und wenn wegen der wenigen Schwestern höchstens am Anfang etwas eingeschränkt werden muß, dann soll diese teilweise Aufhebung wirklich von der Notwendigkeit bestimmt sein und nur für eine bestimmte Zeit gelten, und die Schwestern müßten den Wunsch haben, sobald wie möglich zur Observanz der vollen Regel zurückzukehren.« Vgl. Brief von Pagliai an Mutter Busi vom 12. April 1896, ACGB, Rapporti O.S.M., cart. I, unter der Datum.

16 Notizen über die neuen Gründungen finden sich in: ACGB, Libro delle fondazioni, sez. G; Stella, a.a.O., S. 59–70.

Kolleg, zur großen Freude der Gemeinschaft, zurück nach Galeazza verlegt. Hier führt das Kolleg seine Arbeit bis 1908 weiter; damals geht auch die offene Schule in der kommunalen Grundschule auf. Hier zeichnet sich schon ein Merkmal der Gründung ab, daß sie nämlich ihren Dienst dort anbietet, wo es wirklich nötig ist und in den Formen, die den Gegebenheit von Ort und Epoche entsprechen.

Im Jahre 1905 wählt das Kapitel Schwester M. Alfonsina Gelain zur Generaloberin und entpflichtet damit Mutter Cozzi. Dies geschieht zum Bedauern der Kommunität; mit Mühe nimmt sie die kanonischen Gesetze an, die einen solchen Wechsel vorschreiben. In diesen drei Jahren versieht die Cozzi also das Amt der Vikarin.

Drei neue Kommunitäten werden 1905 gegründet: Renazzo, wenige Kilometer von Galeazza entfernt; Ciano in der Diözese Treviso; San Vito di Leguzzo in der Diözese von Vicenza. Ihr Schicksal wird unterschiedlich sein. Die Gründung von San Vito besteht bis heute weiter; der vorzeitige Tod des Erzpriesters von Renazzo, Don Pietro Fava, führt hingegen im Juni 1909 die Schwestern zur Aufgabe dieses Hauses, das allerdings 1921 wieder eröffnet wird. »Verschiedene unfreiwillige Unstimmigkeiten« mit dem Erzpriester erzwingen schließlich 1908 den Verzicht auf die Anwesenheit in Ciano, die vom Bischof so erwünscht und von der Bevölkerung geschätzt war.

Im August 1908 wählt das Kapitel erneut Schwester M. Teresa Cozzi, die im selben Jahr eine Gründung an der Peripherie von Bologna in der Pfarrei San Ruffillo versucht. Dies wird eine von der Cozzi besonders geliebte und gehegte Gründung sein; sie widmet sich ihr mit besonderer Aufmerksamkeit, auch der Schule, obgleich sie Generalpriorin ist.

Am 25. November 1911 wird dann in Creazzo, ebenfalls Diözese Vicenza, eine andere Gründung eröffnet. Also ganze fünf Gründungen erfolgen in so unterschiedlichen Zonen in kaum zehn Jahren.

Gewiß hatte der Impuls, den Kardinal Svampa gegeben hatte, seine positiven Wirkungen, und so wäre es wohl weiterhin gewesen, wenn nicht 1907 der Tod ihn in einem Augenblick hinweggenommen hätte, in dem die junge Pflanze noch auf Kontinuität in der Weisung und Ausrichtung angewiesen war.

Auf dem erzbischöflichen Stuhl in Bologna wurde sein Nachfolger Kardinal Giacomo Della Chiesa. Sein Wirken in der Diözese trifft mit der Anweisung der neuen Kongregation für die Ordensleute zusammen, Regeln und Konstitutionen der neuen Kongregationen zu revidieren und zu überarbeiten. Da seiner Jurisdiktion alle Häuser der Kongregation unterstehen, erlegt er den Schwestern Bedingungen auf, die den apostolischen Schwung lähmen, den sein Vorgänger ihnen gegeben hatte. Die folgende Zeit ist voller Leiden und Schwierigkeiten.

Sich in das Leben und in die Gemeinde der Pfarrei einzufügen, wie es für die Anfänge charakteristisch war und von Baccilieri als primäres Ziel seiner Gründung angesehen worden war, erhielt eine brüske Unterbrechung. Der Kardinal verlangte außerdem von den Kandidatinnen eine umfangreiche Aussteuer und erwartete, daß die Gemeinden, in denen die Kongregation präsent war, nicht nur für das Haus, sondern auch für einen würdigen Unterhalt der Kommunität aufkamen.

Diese ökonomischen Ursachen und gleichzeitig die Tendenz einiger Mitglieder der Kongregation eher zu einem Leben in Klausur als zu apostolischer Tätigkeit führten 1908, wie schon erwähnt, zur Schließung des eben erst eröffneten Hauses in Ciano. Die Bitterkeit dieses Augenblicks findet ihre Entsprechung in den Briefen, die der Bischof von Treviso, Andrea Giacinto Longhin, an die Cozzi schickt. »Obwohl vorausgesehen«, schreibt er, »schmerzt mich die Nachricht von der endgültigen Aufgabe des Kindergartens von Ciano doch sehr; man muß sein Haupt beugen und sagen: *fiat*, es geschehe. Aber dieses *fiat* fällt schwer. Schon nach nur einem Jahr Arbeit sieht man bereits üppige Frucht, an der die ungebildete Bevölkerung von Montello ihre Freude hat. Jetzt wird diese Arbeit abgebrochen, und die Früchte fallen ab. Nun gut! Aber die Erinnerung an die guten Töchter der Schmerzhaften Mutter wird im Gedächtnis des Bischofs von Treviso nicht vergehen, und er wird sich glücklich schätzen, wenn er in besseren

Zeiten und für eine andere Pfarrei wieder die Servitinnen von Galeazza bekommen kann.«[17]

Ein ähnliches Geschick erleidet 1912 San Ruffillo. Der Pfarrer Giuseppe Davogli versucht vergebens, die Generalpriorin zu überreden: der Generalrat bleibt fest und, noch vor ihm, der Erzbischof Dalla Chiesa.

1912 bezeichnet einen anderen Moment der Unsicherheit für die Kommunität. Am 7. März verläßt, erst fünfzig Jahre alt, Schwester M. Teresa Cozzi nach einer Zeit beschwerlicher Krankheit dieses irdische Exil, um sich wieder mit dem geliebten Gründer und den Schwestern zu vereinen, die ihr vorangegangen sind.

Die sechs Jahre von 1912 bis 1918, in denen Schwester M. Liduina Barbieri[18] die Leitung innehatte, verdienten eine genauere Studie, um die Ereignisse objektiver einordnen zu können, die wohl sehr starken Einfluß auf die Konsolidierung und Ausbreitung der Kongregation hatten. Aus der Dokumentation ergibt sich, daß es eine Zeit voller Schwierigkeiten war. Die Generalpriorin, die später die Kongregation verläßt, um sich in das Klausurkloster der Servitinnen von Pesaro zurückzuziehen, zeigt sehr bald die Neigung zu einem ernsten, geschlossenen, strengen religiösen Leben. Man erlebt also eine Richtungsänderung, sowohl im Charisma als auch im Apostolat. Die Briefe von Pater Brugnoli lassen seine Bemühungen erahnen, die Kongregation aus einer Situation herauszuführen, die sie notwendigerweise zu einer Lähmung führt[19]. In den sechs Jahren wird kein einziges Haus eröffnet; die bestehenden Häuser haben Mühe weiterzumachen, da es an Personal und Diplomen mangelt. Man hat fast den Eindruck, als wolle die Kongregation zu dem einen »Monasterium« des Anfangs zurück.

---

[17] Vgl. Brief an Mutter Cozzi, ACGB, Case filiali, sez. G., Ciano, unter dem Datum.

[18] Schwester M. Liduina Barbieri, mit bürgerlichem Namen Edvige, wurde am 3. März 1869 in Camurana (Modena) geboren. Am 10. September 1888 nahm sie das Ordenskleid und legte am 25. September des folgenden Jahres ihre Profeß ab. 1927 trat sie in die Klausur ein und starb im Dezember 1969 in Pesaro.

[19] Vgl. Briefe von Pater Amadio Brugnoli, Konrektor, ACGB, Rapporti O.S.M., cart. I, unter dem Datum.

Schwester M. Liduina versucht die Loslösung von der Diözese Bologna zu erreichen, indem sie die päpstliche Anerkennung der Gründung anstrebt. Ein positiver Aspekt dieser Periode ist jedoch die Bereitschaft, die die Kommunität von Galeazza während des Krieges in der Pflege verwundeter Soldaten in den Militärkrankenhäusern zeigt.

Inzwischen war Kardinal Della Chiesa zum Papst gewählt worden, und auf dem Bischofsthron war ihm Kardinal Giorgio Gusmini gefolgt. Dieser besuchte 1918 die Pfarrei von Galeazza. Aus seinen Beobachtungen der Servitinnen ergibt sich ein positiver Grundeindruck; er drängt jedoch auf die Revision des Konstitutionstextes auf der Grundlage des neuen Kirchenrechtskodexes, empfiehlt eine stärkere Eingliederung in die Pfarrpastoral, lädt zu einer Berufsausbildung der künftigen Kandidatinnen ein, da der Eintritt in die Gemeinschaft nicht von dem Besitz eines Studientitels abhängig sein darf; er reduziert die Größe der Aussteuer, die für Kardinal Della Chiesa so verpflichtend gewesen war[20].

Damit wurde die rigoristische Prägung, die Barbieri einzuführen versucht hatte, glücklicherweise gestoppt. Beim Generalkapitel von 1918 wird Schwester M. Filippina Pivetti gewählt, die Generalpriorin, die für viermal sechs Jahre hintereinander die Kongregation leiten wird[21]. Ihr Wirken stellt daher, unter den weisen Direktiven der geistlichen Berater Brugnoli und Borgognoni, einen Schritt nach vorn für die Ordensfamilie dar.

Die Kongregation nimmt an Mitgliederzahl etwas zu und breitet sich mit der Eröffnung von neuen Niederlassungen zu Erziehung und Gemeindearbeit aus: S. Agostino (Ferrara) wird am 20.Mai 1921 eröffnet; Renazzo (Ferrara) am 11. November 1921; Caldogno (Vicenza) am 31. Mai 1923; Castello d'Argile (Bologna) am 14. März 1924; Camposanto (Modena) am 21. Juni 1925; Cento (Ferrara) am 9. November 1925; Casadio (Bologna) am 20. Juni 1926; San Gabriele di Baricella (Bologna) am 16. Oktober 1927;

---

20 Vgl. ACAB, S. Visita cardinale Gusmini, pos. 160

21 Vgl. Briefe von Pater Amadio Brugnoli, Konrektor, ACGB, Rapporti O.S.M., cart. I, unter dem Datum.

Lama Mocogno (Modena) am 4. November 1928; Argelato (Bologna) am 25. November 1928; Corporeno (Ferrara) am 24. November 1929; Bologna-Stadt am 22. November 1931; San Matteo della Decima (Bologna) am 3. November 1934; Sestola (Modena) am 7. November 1938; Renno (Modena) 1940; in Modena: Albareto 1940 und in der Pfarrei der heiligen Katharina 1941; San Benedetto (Bologna) am 1. April 1943.

Als bevorzugte Diözesen erscheinen hier Bologna und Modena: die Ausbreitung erscheint damit begrenzt; außerdem werden ferne, abgelegene Orte gewählt. Dies ist verwunderlich; mit der Zeit hat es sicher die Ausbreitung eingeschränkt und das zahlenmäßige Wachstum der Kongregation begrenzt[22].

Was während der Leitung der Pivetti die Ausbreitung verzögerte, vermögen wir nicht zu sagen; diese Begrenzung steht übrigens im Gegensatz zu den anderen von ihr verfolgten Initiativen, wie der Approbation der Konstitutionen, der päpstlichen Approbation der Kongregation und der Einleitung des ordentlichen Seligsprechungsprozesses für den Gründer.

Jedenfalls traf am 19. Mai 1939 das *decretum laudis* vom Heiligen Stuhl ein, am 27. Januar 1947 erhielt die Kongregation die endgültige päpstliche Anerkennung.

---

[22] Dies bemerkte auch Pater Borgognoni, der in einem Brief an Mutter Filippina 1928 schrieb: »Was soll ich sagen? Alles hängt von der Idee ab, die einer sich im voraus macht. Ich meinerseits bin nicht so sehr für all diese Löcher, in denen die Schwestern meiner Meinung nach immer ein wenig im Hintertreffen bleiben; und wenn es einerseits dort leichter ist aufgrund der Umgebung, ist es andererseits doch weniger effizient, um den Schwestern, die dort ihr Leben verbringen müssen, einen starken moralischen Charakter zu geben.« Ein paar Tage später fügte er noch hinzu: »Vor einigen Tagen las ich im Osservatore Romano von der wunderbaren Entwicklung einer Schwesternkongretaion, die vor fünfzig Jahren etwa entstanden ist. Außer daß sie eine wirklich außergewöhnliche Zahl an Schwestern haben, leisten sie auch enorm viel… Man muß unternehmungslustig sein und zur Ehre Gottes und zum Wohl der Seelen arbeiten.« Vgl. ACGB, Rapporti O.S.M., cart. I, unter dem Datum.

Spätere Etappen

An dieser Stelle ist ein kurzer Hinweis auf die neuere Geschichte der von Don Baccilieri gegründeten Ordensfamilie angebracht. Wir tun dies in einzelnen Abschnitten und stellen dabei die Aspekte heraus, die Meilensteine auf dem weiteren Weg darstellten.

Aufgabe von Schwester M. Francesca Cattani war es, die Kongregation während des Zweiten Weltkriegs zu leiten; 1948 folgt ihr Schwester M. Amedea Bertoni, 1955 Schwester M. Loren-za Dall'Amico und 1962 Schwester M. Luigia Revelin. In diesen Legislaturperioden nimmt die Kongregation an Zahl zu. Einige Niederlassungen werden aufgegeben; Häuser in anderen italienischen Regionen werden eröffnet, und man beginnt mit der Gründung in Deutschland, genauer in der Erzdiözese Köln. Unter dem Druck der staatlichen Vorgaben, die nicht zulassen, daß ein qualifizierendes Diplom fehlt, wird viel Wert auf die Bildung und berufliche Fortbildung der Schwestern gelegt.

Das Zweite Vatikanische Konzil schreibt dann die Rückkehr zu den Quellen, die Erneuerung und das Aggiornamento der Institute in Regeln und Leben vor. 1969 findet unter dem Vorsitz der Generalpriorin Schwester M. Caterina Vaccari das feierliche Spezialkapitel statt, das eine Erneuerung im Sinne der charakteristischen Aspekte des Charismas versucht, die in der Konstitution von 1917 verflacht waren.

Ein neuer Text der Konstitutionen wird erstellt, in den Generalkapiteln des folgenden Jahrzehnts verschiedentlich überarbeitet und bekommt schließlich in der Amtszeit der Generalpriorin Schwester M. Crocifissa Remondi 1983 die endgültige Approbation. Dieser verbindet in einer neuen Synthese das ursprüngliche Erbe, die gesunde Tradition und der kirchlichen Weisungen.

Diese Zeitspanne bezeichnet folglich für die Kongregation eine neue Ära; auf dem Weg der Erneuerung atmet sie mit vollen Lungen den brennenden Wunsch zur Missionierung und zum apostolischen Zeugnis, wie das Konzil sie als Merkmal der Natur der Kirche selbst herausgestellt hat. Die Eingliederung in die Kirche, wie sie am Anfang so wesentlich war,vertieft sich und weitet sich daher von der Pfarrei über die Diözese auf die weltweite Kirche aus. 1972 wird das Charisma von Don Ferdinando in die heißen Amazonasregionen Brasiliens, in den Staat Acre, verpflanzt; 1982 in den Fernen Osten, in die Diözese Cheongju in Südkorea.

Das Werk des Geistes Gottes stirbt also nicht. Bei der Feier des hundertsten »dies natalis« von Don Ferdinando, dem Geburtstag ihres Vaters und Gründers für den Himmel, lebt die Kongregation in der dynamischen Treue zum eigenen Ursprung, und sie ist Zeugnis und Garantie der Echtheit und Fruchtbarkeit des besonderen Charismas, das sich inzwischen in drei Kontinenten inkarniert und weiterwirkt.

INHALT